하루 한 권 학습만화 14

세계의역사

KB175865

KADOKAWA MANGA GAKUSYU SERIES SEKAI NO REKISHI

DAIICHIJISEKAITAISEN TO ASIA NO DOKO 1900-1919NEN

©KADOKAWA CORPORATION 2021

Korean Translation Copyright © 2022 by Korean Studies Information Co., Ltd.

First published in Japan in 2021 by KADOKAWA CORPORATION, Tokyo.

Korean translation rights arranged with KADOKAWA CORPORATION, Tokyo through Eric Yang Agency Inc, Seoul.

일러두기

이 책은 세계사를 바라보는 다양한 시각 및 국제정치적 감각을 길러주기 위한 목적으로 기획되었다. 원서는 비교 역사학을 토대로 서술되어 특정 국가의 시각에 치우치지 않고 세계 각국의 다양한 역사적 사실에 기반을 두고 있다. 다시 말해 우리 민족의 관점으로 바라본 세계사가 아님을 밝힌다.

다만 역사라는 학문의 특성상 우리나라 학계 및 정서에 맞지 않는 영토분쟁 · 역사적 논쟁점도 분명히 존재한다. 편집부 역시 이러한 사실을 인지하고, 국내 정서와 다른 부분은 되도록 완곡한 단어로 교정했다. 그러나 오늘날 발생하는 수많은 역사 분쟁을 다양한 시각에서 논의할 수 있도록 필요한 부분은 원서의 내용을 살려 편집했다. 교육 자료로 활용하거나 아동이 혼자 읽는 경우 이와 같은 부분에 지도가 필요할 수 있음을 당부드린다.

하루 한 권 학습만화 14

세계의역사

도쿄대학 명예 교수 **하네다 마사시** 감수

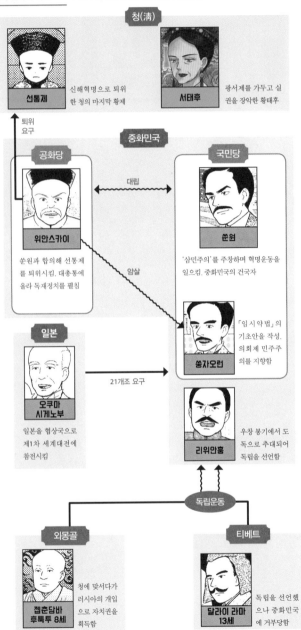

청(淸)의 신해혁명과 여러 민족의 독립

청은 신해혁명으로 멸망하고 '쑨원'을 중심으로 중화민국이 건국되었다.
그러나 곧 '위안스카이'의 독재가 시작되었다.

청(淸)

선통제
신해혁명으로 퇴위한 청의 마지막 황제

서태후
광서제를 가두고 실권을 장악한 황태후

퇴위 요구

중화민국

공화당

위안스카이
쑨원과 합의해 선통제를 퇴위시킴. 대총통에 올라 독재정치를 펼침

대립

암살

국민당

쑨원
'삼민주의'를 주창하며 혁명운동을 일으킴. 중화민국의 건국자

쑹자오런
「임시약법」의 기초안을 작성. 의회제 민주주의를 지향함

일본

오쿠마 시게노부
일본을 협상국으로 제1차 세계대전에 참전시킴

21개조 요구

리위안훙
우창 봉기에서 도독으로 추대되어 독립을 선언함

독립운동

외몽골

젭춘담바 후툭투 8세
청에 맞서다가 러시아의 개입으로 자치권을 획득함

티베트

달라이 라마 13세
독립을 선언했으나 중화민국에 거부당함

주요 사건

1911년
청(淸)에서 신해혁명 발생

1914년
제1차 세계대전 발발

1917년
러시아 2월 혁명과 로마노프 왕조의 몰락

1918년
협상국의 승리와 제1차 세계대전의 종식

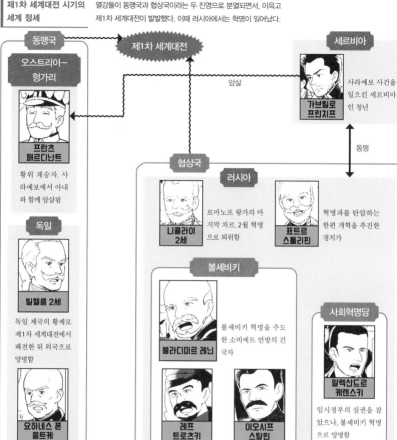

제1차 세계대전 시기의 세계 정세

열강들이 동맹국과 협상국이라는 두 진영으로 분열되면서, 이윽고 제1차 세계대전이 발발했다. 이때 러시아에서는 혁명이 일어났다.

동맹국

제1차 세계대전

세르비아

가브릴로 프린치프
사라예보 사건을 일으킨 세르비아인 청년

암살

동맹

오스트리아–헝가리

프란츠 페르디난트
황위 계승자. 사라예보에서 아내와 함께 암살됨

독일

빌헬름 2세
독일 제국의 황제로 제1차 세계대전에서 패전한 뒤 외국으로 망명함

요하네스 폰 몰트케
마른 전투에서 패배한 뒤 사임한 참모총장

협상국

러시아

니콜라이 2세
로마노프 왕가의 마지막 차르. 2월 혁명으로 퇴위함

표트르 스톨리핀
혁명파를 탄압하는 한편 개혁을 추진한 정치가

볼셰비키

블라디미르 레닌
볼셰비키 혁명을 주도한 소비에트 연방의 건국자

레프 트로츠키
적군을 조직해 소련을 향한 군사간섭에 대항함

이오시프 스탈린
레닌이 죽자 정적을 쓰러뜨리고 독재자로 군림함

사회혁명당

알렉산드르 케렌스키
임시정부의 실권을 잡았으나, 볼셰비키 혁명으로 망명함

미국

우드로 윌슨
중립을 지키다 독일에 선전포고한 미국 대통령

조력

프랑스

조르주 클레망소
반전운동과 대립하며, 강력한 지도력으로 프랑스를 승리로 이끎

영국

윈스턴 처칠
제1차 세계대전이 일어나자 참전을 주장한 해군장관

일본

가토 다카아키
오쿠마 내각의 외무장관. 중화민국 측에 '21개조 요구'를 제출함

독자여러분께

제1차 세계대전과 아시아의 동향

도쿄대학 명예 교수 **하네다 마사시**

　20세기 초반은 러시아, 청(淸), 오스만 제국, 오스트리아-헝가리와 같이 오랜 세월 이어진 제국들의 체제가 정체되기 시작하면서 끝내 재건되지 못하고 멸망한 시기였습니다. 청의 신해혁명(1911), 러시아의 러시아 혁명(1917)처럼 다른 제국들도 1920년대에 들어서 다양한 이유로 자취를 감추게 되었죠. 중화민국에서는 황제를 폐위한 뒤 계속된 정치적 주도권 다툼으로 사회가 불안정해진 한편, 러시아에서는 사상 최초로 사회주의 국가인 '소비에트 연방(소련)'이 수립되었습니다.

　이 무렵 유럽에서는 제국주의 열강들 사이의 이해관계에 따라 대립이 격화하면서 협상국(영국, 프랑스, 러시아)과 동맹국(독일, 오스트리아-헝가리, 오스만 제국)으로 세력이 분화되었습니다. 그러던 1914년 사라예보에서 일어난 오스트리아 황태자 암살 사건을 계기로 결국 전면전이 벌어지게 됩니다. 영국과 프랑스는 식민지인들을 병사로 징집했고, 영일 동맹을 맺고 있던 일본을 끌어들였습니다. 또 중립을 유지하던 미국이 협상국 편으로 참전하면서 유럽 국가 사이의 전쟁에 세계의 여러 지역이 휘말리게 되었습니다. 이 전쟁을 가리켜 '제1차 세계대전'이라 부릅니다.

　각국의 총력전은 무려 4년 이상 이어집니다. 비행기·전차 등의 신무기가 투입되고, 민간인까지 끌어들인 이 전쟁은 결국 협상국 측이 승리했지만, 사상자만 수천만 명에 육박할 정도로 비참했습니다. 어째서 이렇게까지 많은 사상자가 발생했을까요? 14권을 읽으며 그 이유를 생각해 보시길 바랍니다.

당부의말씀

- 이 도서의 원서는 일본 문부과학성이 발표한 '2008 개정 학습지도요령'의 이념, '살아가는 힘'을 기반으로 편집되었습니다. 다만 시대상을 반영하려는 저자의 의도적 표현을 제외하고, 역사적 토론이 필요한 표현은 대한민국 국내의 정서를 고려해 완곡하게 수정했습니다.

....

- 인명·지명·사건명 등의 명칭은 대한민국 초·중·고등학교 교과서를 바탕으로 삼되, 여러 도서·학술정보를 참고해 상대적으로 친숙한 표현으로 표기했습니다.

....

- 대체로 사실로 인정되는 역사를 기반으로 구성했습니다. 다만 정확한 기록이 남지 않은 등장인물의 경우, 만화라는 장르를 고려해 쉽고 재미있게 읽을 수 있도록 대화·배경·의복 등을 임의로 각색했습니다. 또 역사의 흐름을 이해하는 데 도움이 되도록 만화에 가공인물을 등장시켰습니다. 이러한 가공인물에는 별도로 각주를 달아 표기했습니다.

....

- 연도는 서기로 표기했습니다. 사건의 발생 연도나 인물의 생몰년이 불분명한 경우에는 일반적으로 통용되는 시점을 채택했습니다. 또 인물의 나이는 앞서 통용된 시점을 기준으로 만 나이로 기재했습니다.

....

- 인물의 나이는 맞춤법에 어긋나더라도 '프리드리히 1세'처럼 이름이 같은 군주의 순서 표기와 헷갈리지 않도록 '숫자 + 살'로 표기했습니다. 예컨대 '스무 살, 40세'는 '20살, 40살'로 표기했습니다.

시대의 흐름을 파악하자! 그림으로 보는 역사 내비게이션

1915년경의 세계

하네다 마사시 교수님

제1차 세계대전은 유럽에서 벌어진 서구 열강들의 전쟁에 식민지와 다른
나라들이 휘말리면서 시작되었습니다. 오랜 세월 이어져 온 유라시아 제국
들은 전쟁 이후 역사의 뒤안길로 사라졌습니다.

시베리아 출병
(1918년~1922년)

열강들이 소비에트 정권을 타도할 목적으로
시베리아로 군대를 파병함

미국의 제1차 세계대전 참전
(1917년)

독일이 무제한 잠수함 작전을 펼쳐 피해를 입
히자 미국이 협상국 측으로 참전함

한일병합
(1910년)

일본이 대한제국을 병합하고 '조선총독부'라는 기
관을 세워 식민 지배함

신해혁명 발생
(1911년) **A**

청(淸)에서 혁명파가 봉기하자
많은 지방이 독립함. 이후 '쑨원'
이 중화민국의 건국을 선언함

멕시코 혁명 발생
(1910년~1917년)

멕시코에서는 민주주의 혁명이 일어
난 데 이어 민주주의 원칙에 근거한
헌법이 제정됨

당시 일본은 협상국 측에 참전해서 청에 있는 독일의 조차지 등을 점령했죠?

 이 무렵 제국주의 열강들은 서로 대립하거나 동맹을 맺었어요. 이렇게 복잡하게 얽혀 있는 국제관계 속에서 제1차 세계대전이 시작되었죠.

 열강은 자신들이 지배하고 있는 식민지와 자치령에도 전쟁을 부담시켰어요. 그 결과 각지에서 반제국주의 운동이 격렬해졌죠.

 1917년 미국이 참전하면서부터 협상국 측이 서서히 유리해졌네요.

제1차 세계대전 발발
(1914년)

B **D**

사라예보 사건을 계기로 발발한 전쟁이 얼마 뒤 전 세계로 확대됨

볼셰비키 혁명 발생
(1917년)

C

러시아에서 2월 혁명이 일어나 '니콜라이 2세'가 퇴위함. 이후 볼셰비키 혁명으로 역사상 최초의 사회주의 정권이 수립됨

밸푸어 선언 발표
(1917년)

영국의 외무장관 '밸푸어'가 팔레스타인에 유대인 국가를 건설하는 데 동의하고 지원을 선언함

에티오피아의 독립 유지
(20세기 초)

에티오피아는 아프리카에서 서구 열강에 식민 지배받지 않은 몇 안 되는 나라 중 하나

제1차 세계대전에 참전한 인도병
(1914년)

영국군에 징집돼 전사한 인도인 병사들을 추모하기 위해 인디아 게이트가 세워짐

◀ 다음 페이지에서 자세한 설명을 확인하세요

우창 봉기

신해혁명의 시작

1911년 신군이 우창에서 일으킨 무장봉기로 청 조정 타도를 목표로 하는 '신해혁명'이 시작되었다. 신군은 서양의 근대적인 군사훈련을 받은 청의 군대를 말하는데, 이들의 봉기가 혁명의 기틀이 되었다.

사라예보 사건 발생

1914년 6월 보스니아의 수도 사라예보에서 한 세르비아인 청년이 오스트리아 – 헝가리의 황태자 부부를 암살했다. 이 사건을 계기로 유럽 전역이 전쟁터가 되어 전 세계를 끌어들이는 '제1차 세계대전'이 시작되었다.

볼셰비키 혁명 (10월 혁명) 발생

러시아에서 일어난 2월 혁명으로 인해 로마노프 왕조가 붕괴하고 임시정부가 세워졌다. 그러던 1917년 11월(러시아력 10월) '레닌'이 임시정부를 무너뜨리고 역사상 최초의 사회주의 정권을 수립했다.

제1차 세계대전의 신무기

제1차 세계대전은 각국이 자국민을 총동원하는 총력전으로 전개되었다. 한편 기관총의 등장으로 전쟁이 참호전 양상을 보이면서 전선이 교착되었다. 이외에도 항공기와 전차, 잠수함 같은 근대 무기가 차례차례 투입되었다.

14 파노라마 연표(1900년~1919년)

아프리카, 서·남·동남아시아				동·북아시아		일본	
오스만 제국	이란	인도 제국	동남아시아	청(淸)	대한제국		메이지 시대
				의화단 운동 (1900~1901) ○ 의화단에 맞서 열강 출병 ○ 베이징 의정서 조인(1901)	한일의정서 (1904) 제1차 한일협약 (1904)	영일 동맹(1902) 러일전쟁 (1904~1905)	
	입헌혁명 (1905~1911)	벵골 분할령 (1905) 인도 국민회의 캘커타 대회 (1906) 전인도 무슬림 연맹 결성(1906)	베트남 동유 운동 (1904~1909)	중국 동맹회 결성(1905) 과거제 폐지 (1905) 『흠정헌법대강』 공포(1908)	을사조약 (1905) 정미7조약 (1907) 기유각서 (1909)	포츠머스 조약 (1905) 러일 협약(1907)	
청년 튀르크 혁명(1908)							
제1차 발칸 전쟁 (1912~1913) 제2차 발칸 전쟁 (1913)			인도네시아 이슬람동맹 결성(1911)	신해혁명(1911) 멸망(1912) 중화민국 건국(1912) 위안스카이의 임시 대총통 취임(1912) 티베트 독립선언(1913) 쑨원의 중화혁명당 결성(1914)	한일병합 조약(1910~1945) 멸망(1910)	관세 자주권 회복 (1911) 제1차 세계대전 시작 (1914~1918) 독일 제국에 선전포고(1914)	다이쇼 시대
후세인 –맥마흔 서한(1915) 사이크스 –피코 협정(1916) 밸푸어 선언(1917) 협상국에 항복(1918)				『신청년』발행(1915) 위안스카이의 제정 부활 선언(1915) 독일 제국에 선전포고(1917) 군벌의 항쟁(1918)		중화민국에 21개조 요구(1915) 랜싱–이시이 협정(1917) 시베리아 출병(1918) 하라 내각 성립(1918) 제1차 세계대전 종식 (1918)	

연대	남 · 북아메리카	유럽					러시아 / 소련
	미국 · 라틴아메리카	대영 제국	프랑스 제3공화국	이탈리아 제국	독일 제국		러시아 제국
							로마노프 왕가
1900		영국령 호주 자치령 성립 (1901)	파리 만국 박람회 (1900)				러시아 사회민주노동당 볼셰비키, 멘셰비키로 분열 (1903)
		영일 동맹 (1902)					
		영프 협상(1904)					러일 전쟁 (1904~1905)
1905			제1차 모로코 위기 (1905)				피의 일요일 사건(1905)
							포츠머스 조약 (1905)
		노동당 성립 (1906)			범게르만 회의 (1906)		10월 선언 스톨리핀의 개혁(1906)
		영러 협상 (1907)					러일 협약(1907)
							영러 협상(1907)
1910	멕시코 혁명(1910~1917)	영국령 남아프리카 연방 자치령 성립(1910)	제2차 모로코 위기 (1911)				
	▲ 우드로 윌슨 (1913~1921) ○ 파나마 운하 개통 (1903~1914)	사라예보 사건 / 제1차 세계대전 시작 (1914~1918)					
			마른 전투 (1914)		탄넨베르크 전투 (1914)		
1915	○ 루시타니아호 침몰 사건 (1915)		베르됭 전투(1916) 솜 전투 (1916)	협상국 측 으로 참전 (1915)	무제한 잠수함 작전 재개(1917)		2월 혁명(1917) ○ 러시아 제국 멸망 레닌의 4월 테제(1917) 볼셰비키 혁명 (10월 혁명 / 1917) ○ 「평화에 관한 포고」, ○ 「토지에 관한 포고」
	○ 제1차 세계대전 참전(1917)						
					브레스트-리토프스크 조약 (1918)		
	○ 「14개조 평화 원칙」 발표(1918)		킬 군항의 반란(1918) ○ 독일 황제 퇴위 동맹국 측 항복				협상국-소련의 대소간섭 전쟁 (1918~1922)
	제1차 세계대전 종식(1918)						
1919							코민테른 결성(1919)

제1차 세계대전과 아시아의 동향

(1900년 ~ 1919년)

하루
한 권
학습만화

세계의 역사

14

목 차

〈자켓 및 표지〉 곤도 가쓰야 (스튜디오 지브리)

글로벌한
관점으로
세계를
이해하자!

세계사 내비게이터
하네다 마사시 교수
일본판 도서를 감수한 도
쿄대학의 명예 교수. 세계
적인 역사학자로 유명함

〈일러스트〉 우에지 유호

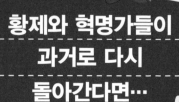

만약에

황제와 혁명가들이 과거로 다시 돌아간다면…

⁉

안녕하세요, 사회자 하네다입니다.

팟

여러분 누구나 살면서 후회되는 일이 한두 가지쯤은 있지 않나요?

후회하고 있어요

자, 가장 먼저 나오신 분의 이야기부터 들어볼까요?

샷

자신의 가장 큰 실수를 이야기해주시면 감사하겠습니다.

그래서 오늘은 20세기 초반의 위인들을 모셨습니다.

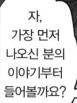

네…

후우…

빼앗겼다라…, 부드러운 표현은 아니군요.

저의 가장 큰 실수는 중화민국을 빼앗긴 겁니다.

저는 '쑨원' 이라고 합니다.

쑨원
중화민국 건국의 아버지
(1866~1925)

16

【청(淸)】
(1644~1912)
지금의 중국 대륙과 몽골,
주변 지역을 지배한 제국

청

중화민국

탕

통치력을 상실한 청 조정을 대체하기 위해 정부를 만들고자 했군요.

그런데!

1912년 중화민국을 수립했습니다.

저와 '쑹자오런'은 나라를 다시 일으켜 세우기 위해 국민당을 창당하고

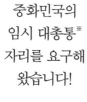

선통제

위안스카이

중화민국의 임시 대총통※ 자리를 요구해 왔습니다!

하필이면 청의 총리대신 '위안스카이'가 자신이 지켜야 할 황제를 퇴위시키는 대신,

※ 대통령에 상당하는 지위

괴짜 수준을 넘어 섰어요!

음… 위안스카이도 상당한 괴짜네요.

휙

저는 애끓는 심정으로 위안스카이의 요구를 받아들였죠.

그러나 그 제안을 거절하면 많은 피를 흘릴 것이 분명했고 …

17

소곤

크흑

두둥

제가 속은 겁니다…

그때로 다시 돌아갈 수 있다면, 저는 절대로 위안스카이를 믿지 않을 겁니다!

쑨원을 이토록 화나게 만든 위안스카이는 괴짜일까요? 아니면 수완가일까요?

더욱이 위안스카이는

1916년 중화민국을 중화제국으로 바꾸고, 스스로 황제에 올랐습니다…!

금방 끝날 것으로 예상했던 전쟁이 4년 이상 이어졌으니까요.

짐은 '빌헬름 2세' 이다.

짐의 실수는 역시 제1차 세계대전 이지….

자, 그럼 다음 분의 이야기를 들어보도록 할까요?

짝짝

맞아, 처음엔 좋았네…

빌헬름 2세
독일의 황제
(1859~1941)

18

여기까진 괜찮았네.

탄넨베르크 전투에서는 러시아로부터 승리했어.

이어 프랑스 북부를 점령하고

동쪽으로 되돌아가 러시아를 격퇴했지.

참모총장 '슐리펜'이 세운 계획대로 서쪽의 프랑스를 공격하고

아이들도 보는 방송인데…

후임이었던 '몰트케'[1]가 마른 전투에서 실수하는 바람에…

이런, 실례. 말이 헛나왔군.

빌어 먹을!

그런데 프랑스의 저항이 심해서 서부 전투는 참호전의 양상을 보이게 되었죠.

※1 슐리펜의 뒤를 이어 참모총장으로 임명된 '요하네스 폰 몰트케'를 말함

그게 실수가 될 줄이야 …

그 작전 덕분에 바다를 거쳐 영국으로 향하는 물자 지원은 막을 수 있었지만…

정말 놀랐 습니다.

흐음, 한편으로 독일은 무제한 잠수함 작전[2]까지 개시했죠?

※2 군함·상선·중립국의 민간선 등, 대상을 한정하지 않고 경고 없이 공격하는 독일의 잠수함 작전

그때 입은 상처의 후유증으로 오래 살 수 없는 몸이 되었소….

크흠, 운 좋게 목숨은 건졌지만

콜록

콜록

1918년 연설이 끝나고 암살자에게 총탄을 맞은 사건 말이군요.

그러고 보니 레닌 씨와 인연이 있는 분께서 인터뷰한 영상이 있네요. 틀어드리죠.

가능한 한 오래 살면서 이상적인 사회주의 국가를 만들고 싶었소.

후―

53살이면 아직 젊으신데요…

측은

음, 러시아는 멋진 나라였소.

1917년 일이었죠?

팟

짐은 '니콜라이 2세'.

짐의 실수는 러시아를 멸망시킨 것이오.

니콜라이 2세
로마노프 왕가의 차르
(1868~1918)

위대한 러시아 제국

하하, 그런 의견이 있었을지도 모르겠네요.

니콜라이 2세 개인 의견임을 밝힙니다.

훗

무척 살기 좋고 멋진 데다 국민이 행복해서 유럽 모든 나라의 존경을 받는 강대국이었지.

만세

사회주의

레닌

러시아

소비에트 연방

위대한 러시아의 역사가 끊어져 버렸다고!

레닌을 필두로 하는 사회주의자 놈들이 나라를 빼앗은 것도 모자라 나라의 이름까지 바꾸어 버렸어!

그런데!

탕

만약 다시 돌아갈 수만 있다면 러시아에 둥지를 튼 뻔뻔한 혁명가 놈들을 제거해버릴 테다!

척

혁명이 없었다면, 정말 살기 좋고 멋진 데다 국민이 행복한 나라가 유지됐을 거라고 생각하시나요?

러시아 혁명은 일어나지 말아야 했다는 건가요?

그럼!

그렇고 말고!

단언

서태후
함풍제의 후궁. 아들인
동치제의 즉위로 황태후가 됨.
청의 실질적인 통치자

19세기 말부터 20세기 초 청의 국력이 약해져 가자 열강들은 청에 들어와 영향력을 키우고자 했다.

이런 와중 청 내부에서는 '무술정변'이라는 쿠데타가 일어나 '광서제'를 유폐한 '서태후'가 실권을 잡았다.

[잠깐!] 본권에서부터 외래어 표기법에 따라 일부 인물을 제외한 중국 지명과 인명은 중국어 음독으로 표기됩니다.

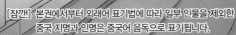

유곤일
양강총독

장지동
호광총독

이 나라는 지금 열강과 맞서기 위해 근본적으로 개혁할 필요가 있습니다.

어떡하면 좋을지 의견을 내보세요.

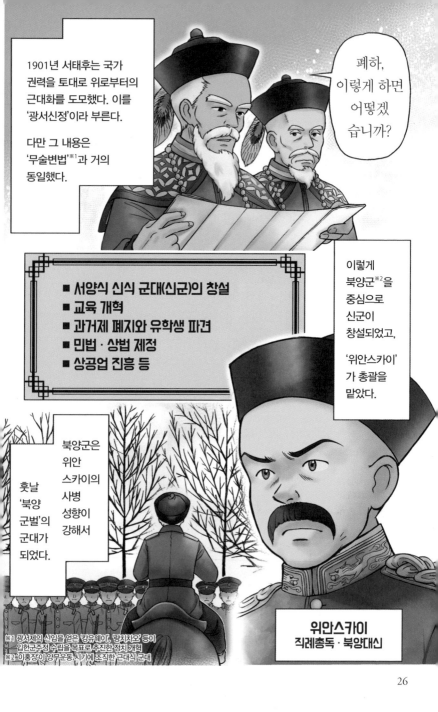

1901년 서태후는 국가 권력을 토대로 위로부터의 근대화를 도모했다. 이를 '광서신정'이라 부른다.

다만 그 내용은 '무술변법'[1]과 거의 동일했다.

폐하, 이렇게 하면 어떻겠습니까?

- 서양식 신식 군대(신군)의 창설
- 교육 개혁
- 과거제 폐지와 유학생 파견
- 민법 · 상법 제정
- 상공업 진흥 등

이렇게 북양군[2]을 중심으로 신군이 창설되었고, '위안스카이'가 총괄을 맡았다.

훗날 '북양군벌'의 군대가 되었다.

북양군은 위안스카이의 사병 성향이 강해서

위안스카이
직례총독 · 북양대신

※1 광서제의 신임을 얻은 '캉유웨이', '량치차오' 등이 입헌군주정 수립을 목표로 추진한 정치 개혁
※2 '이홍장'이 양무운동 시기에 조직한 근대식 군대

일본
에서의
유학생
생활은
…

과거제가 폐지된 이후
관료를 채용함에 있어
해외 유학 경험이
중요하게 여겨졌다.
이에 수많은 청년들이
유학길에 올랐는데,
유학지는 주로 일본
이었다.
당시 일본은 서양으로
유학을 갔던 청년들이
돌아와 이미 근대화에
성공한 상태였다.

의복도
그렇긴
하지.

맞아.

하지만
이곳
일본에는
청과 달리
전통문화가
이어지고
있어.

탁

일본
음식은
입맛에
안 맞는군
….

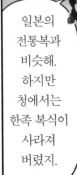

일본의
전통복과
비슷해.
하지만
청에서는
한족 복식이
사라져
버렸지.

한족

만주족

한족의
전통복은
앞섶을
여미고,
띠를 두른
낙낙한
형태잖아.

우리의
전통복은
청을 세운
만주족의
복식이지,
우리 한족의
복식이
아니야.

취미(趣味)　실연(失戀)

시민(市民)

지도(地圖)

도로(道路)

연필(鉛筆)

서양의 개념을 나타내기 위해 한자를 새롭게 조합한 단어야.

기존에 있던 말에 서양식 의미를 더한 단어지.

혁명(革命)　자유(自由)

관념(觀念)

복지(福祉)

나쓰메 소세키

모리 오가이

니시 아마네

후쿠자와 유키치

이 무렵 일본의 작가나 지식인들은 서양의 개념을 전파하기 위해 다양한 일본식 한자어(和制漢語)※를 만들었다.

※ 예컨대 '사회주의', '공산주의', '인민', '공화국' 등의 단어

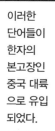

이러한 단어들이 한자의 본고장인 중국 대륙으로 유입되었다.

음, 서양의 개념을 이해하기 쉬워서 좋아.

한자라서 우리도 금방 배울 수 있어.

변발을 자르는 등 서양식 스타일을 따라 했다.

유학생들은 일본의 사회와 문화에 충격을 받았으며

여학생이 거리를 버젓이 돌아다니다니, 청에선 있을 수 없는 일이야!

과연 앞서 나가고 있군!

필사적으로 공부해서 청을 다시 태어나게 하는 거야!

탁

맞아, 맞아!

일본인은 중국인을 우습게 여기고 있어!

그런 한편 이따금 일본인에게 차별받으면서 '중국인' 으로서의 민족의식이 높아졌다.

그럼… 어떻게 해야 되는데?

윽 …

이 자식, 그게 무슨 말이야!

아니, 무리야. 청은 변할 수 없어.

발끈

청을 대체할 정부가 필요해.

뿌리까지 썩은 나무는 뽑아 버리는 수밖에 없지.

기득권에만 매달려 있는 … 이제 가망이 없어.

청은 이미 썩은 나무야.

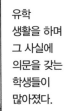

유학 생활을 하며 그 사실에 의문을 갖는 학생들이 많아졌다.

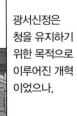

광서신정은 청을 유지하기 위한 목적으로 이루어진 개혁 이었으나,

너나 나나 한족이잖아! 한족이 청과 같이 죽을 필요 있어?

이봐, 청은 만주족이 세운 나라야!

황제 폐하를 거역하겠단 뜻이야? 그 말 당장 취소하지 못해!?

그렇게 유학생 일부는 혁명운동에 몸을 던졌다.

뻘떡

나는 나대로 조국의 부흥을 위해 힘쓸 거야.

너랑은 여기까지인 것 같다.

한족의 나라를 만듭시다!

만주족의 지배에서 벗어나

그러한 혁명운동의 지도자 중 한 명이 바로 '쑨원'이었다.

쑨원
훗날 중화민국의 건국자

1894년 쑨원은 머물고 있던 하와이에서 '흥중회'를 조직하고 본격적으로 혁명운동을 시작했다.

민주적인 정부를 수립합시다!

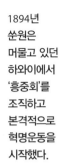

'실패한 영웅'이라고 불렸다.

해외에서 화교*들의 지원 아래 활동을 이어갔기에

그럼에도 그는 포기하지 않고

그리고 광동에서 무장 봉기를 계획하지만 실패로 돌아갔다.

일본에 망명해서 재기를 도모하자.

※ 중국에서 해외로 이주한 사람들

지원해주던 일본인들과 혁명운동을 이어갔다.

혁명에 성공하려면 어떤 방법이 좋을까요?

미야자키 선생,

수배자가 된 쑨원은 일본에서 망명생활을 하면서

일본 구마모토 현

그 지도자들을 한번 만나 보시는 건 어떻습니까?

쑨원 선생, 일본 내에는 흥중회말고도 다른 혁명 단체가 결성돼 활동하고 있습니다.

미야자키 도텐
혁명운동가

흥중회

쑨원을 중심으로 혁명 운동을 추진하게 되었다.

광복회

화흥회

차이위안페이 장빙린

황싱 쑹자오런

이렇게 광둥 출신 주도의 흥중회, 후난 출신 주도의 화흥회, 저장 출신 주도의 광복회가 합해져

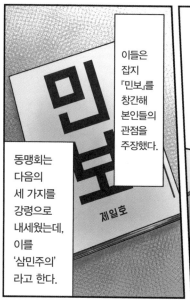

이들은 잡지 『민보』를 창간해 본인들의 관점을 주장했다.

동맹회는 다음의 세 가지를 강령으로 내세웠는데, 이를 '삼민주의'라고 한다.

최상의 개혁이란 공화정을 목표로 하는 혁명이오!

뒤이어 1905년 8월 20일 도쿄에서 '중국동맹회'가 결성되었다.

삼민주의

· 민족주의 : 이민족이 세운 청을 타도하고 한족의 중화 회복
· 민권주의 : 민주주의 실현
· 민생주의 : 토지의 평등한 분배 · 자본 통제를 통한 민생 안정

쑨원의 독단적인 태도는 더 이상 참을 수 없소!

흥중회의 깃발을 동맹회의 깃발로 삼다니, 너무 독단적인 것 아닙니까?

그러나 혁명 단체들은 저마다 독립성이 강했던 데다, 쑨원의 리더십에는 한계가 있었다.

무슨 소리! 혁명은 양쯔 강에서지요!

게다가 혁명을 둘러싸고 노선 대립까지 일어났다.

혁명은 광둥에서 일어나야 합니다!

여기에 무술정변 이후 일본으로 망명했던 청의 관료 '캉유웨이', '량치차오' 등이 가세했다.

청을 멸망시키겠다니, 말도 안 됩니다!

그들의 세력은 혁명파에 필적했다.

혁명보다는 개혁을 해야 하오!

캉유웨이

량치차오

혁명을 일으키면 내란이 일어나 결국 열강의 개입을 초래할 겁니다.

우리나라는 의회정치를 할 수 있는 능력이 없어 전제정치가 더 적합하오.

사적으로 챙기지 않았소. 봉기 계획을 위한 자금이오.

일본의 지원금을 받은 사실을 어째서 숨긴 거요!?

더욱이 청 조정의 요청을 받은 일본이 혁명운동과 관련된 유학생들을 단속하자 갈등은 점차 심화되었다.

1907년 자금 문제로 광복회가 동맹회를 탈퇴했다.

그거야말로 의논해야 할 일이 아닌가!? 당신을 더 이상 신용할 수 없소!

결국 동맹회는 분열해 싱가포르와 페낭 등지에서 혁명운동을 추진해 나가게 되었다.

이어 화흥회 계통의 인사들도 쑨원을 비판하고 나서면서

페낭

싱가포르

이 즈음 청 조정에서는 입헌군주정을 목표로 개혁이 이루어지고 있었다.

그러던 1908년 11월 광서제와 서태후가 잇따라 숨을 거두었다.

다음 황제는 '푸이'로 정하겠소….

장젠

황제께서 승하하시고 다음날엔 태후 폐하까지….

후원자를 잃은 위안 스카이는 북양대신에서 면직되었다.

그렇게 광서제의 어린 조카가 뒤를 이었다.

끄응

36

선통제(푸이)
청의 마지막 황제.
훗날 일본·영미권 등지에서는
'라스트 엠퍼러'라고 부름

1911년
5월
청 역사상
최초로
성립된
내각은
만주족
황족과
귀족을
중심으로
구성
되었다.

입헌제
지지자들은
이러한
내각 인사에
실망했고,
군주제
지지자들마저
청 타도로
여론이
기울어졌다.

그러나
열강으로부터
이권을 회수해
민영철도를
부설하려던
국내 자본가와
지방 유력자들이
크게 반발하면서

같은 해
내각은
간선철도를
국유화하고
열강으로부터
차관※을 얻어
철도를 부설
하고자 했다.

※ 국가 간의 자금 융자

우리 돈으로
건설할 철도를
열강의 돈으로
국유화하다니!

말이 좋아
국유화지,
외국에
팔아넘기는
거나
다름없잖아!

각지에서
반대운동이
일어났다.

이로 인해
사천 성에서
청원인
40여 명이
관헌에게
사살되자

수백만
명의
민중이
참여하는
무장투쟁
으로
격화
되었다.

조정은 이권을
열강에
팔아넘길
셈인가!

38

나는 혁명파를 적이라고 생각하지 않아.

이때 후베이 성 우창에 있던 호북 신군은 사천폭동을 진압하라는 명령을 받게 되었는데…

후베이 성

우창

혁명지지자는 광서신정으로 창설된 신군 내부에도 늘어나고 있었다.

나도… 관료들은 비리 투성이잖아.

조정 놈들은 걸핏하면 세금이나 올리고, 우리 생활 따윈 안중에도 없어.

그래, 차라리 혁명파 쪽이 낫겠어.

좋아!

이렇게 호북 신군 내에서 무장봉기 계획이 세워졌다.

와아아아악

우왕궁

1911년 10월 10일 '우창 봉기'가 일어났다.

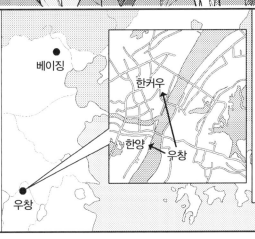

다만 기존의 혁명파가 주도한 봉기가 아니라서 이 봉기에는 혁명지도자가 없었다.

베이징

한커우

한양

우창

우창

총독인 '루이청'은 도망쳤고, 신군은 우창과 인접한 한커우와 한양을 장악했다.

우리가 이루지 못한 봉기를 성공시켜 주었군!

신군이 우창을 점령했단 말인가!

지금을 조달하기 위해 미국으로 건너가 있던 쑨원은 이 소식을 듣고

40

※1 민정·군정 장관

우리는 중국 인민을 위한 군인이다!

우리는 청 조정 으로부터 독립한다!

리위안훙

우창 봉기세력은 신군 여단장 '리위안훙'을 새로 창설된 호북 군정부의 도독※1으로 앉히고 청 조정으로부터의 독립을 선언했다.

우창 봉기가 성공했다는 소식이 청 각지에 전해지자 여러 지역에서 혁명세력이 봉기했다.

11월 초까지 남부를 중심으로 13개의 성(省)이 독립을 선언했다.

1911년은 간지※2로 '신해년' 이었으므로, 이 시기를 '신해혁명'※3 이라 부른다.

※2 십간과 십이지를 이용한 연도 표기법(육십갑자)
※3 '제1혁명'이라고도 부름

혁명 세력의 기세가 그치지 않습니다. 어찌 하면 좋을지…

융유태후
광서제의 황후

이제 위안스카이를 총리대신에 앉혀 일을 맡기는 수밖에 없을듯 합니다.

이런 위기 상황에 이용하는 건 위험합니다.

잠시만, 그자는 야심을 품고 있습니다.

그자의 북양군이 아니면 반란을 다스리기 힘들다고 사료됩니다.

예, 지금은 실각해 고향에 내려가 있지만

위안스카이 라면, 신군을 양성한 그 군인 말입니까?

결국 고향에서 올라온 위안 스카이는

그건 그렇지만 이대로는…

11월 1일 총리 대신에 임명 되었다.

위안스카이

● 베이징

돤치루이

펑궈장

● 우창

곧이어 그는 '펑궈장', '돤치루이' 등의 북양군을 우창에 파견해 혁명운동을 진압하도록 했다.

씨익

이대로 혁명파를 진압하면

끝내 토사구팽※ 되겠지?

그렇다고 혁명파가 이기게 내버려 둘 수도 없는 노릇이고…

※ 토끼를 잡으면 필요 없어진 사냥개는 삶아 먹힘. 쓸모를 다한 인물을 내침

위안 스카이는 청의 군사력을 쥐고 있는 입장을 살려

권력을 탈취하기 위해 독자적으로 행동하기 시작했다.

44

1911년 12월 위안스카이는 영국의 중개로 혁명파와 정전하고 평화 교섭을 개시했다.

이때 위안스카이에게 발빠르게 다가온 나라는 영국이었다.

영국은 청에서의 권익을 지키기 위해 혁명이 조기에 수습되도록 위안스카이를 지지했다.

다소 의견이 갈린 교섭 이었으나, 결국 황제를 퇴위시키는 방향으로 이야기가 진행되었다.

황제가 퇴위하지 않으면 강화는 어렵습니다!

우팅팡
혁명파 대표

군주제는 유지해야 합니다.

탕샤오이
위안스카이의 대리인

흠
…

조정을 위해 싸워도 이익이 없겠군.

혁명파의 환영을 받은 쑨원은 혁명파가 장악하고 있는 난징으로 들어갔다.

제가 가지고 돌아온 건 혁명 정신 뿐입니다!

그러나 저는 해외의 화교들과 연결고리를 만들었습니다.

후원금은 모으지 못한 건가….

17개 성의 대표들이 모여 회의가 열렸고, 쑨원이 신정부의 최고지도자인 '대총통'으로 선출되었다.

신정부의 얼굴로는 국제적으로 인지도가 있는 쑨원이 적당하겠죠.

화교들의 지원도 필요하니 말이오.

다만 아직 청 조정이 멸망하지 않았기에 '임시' 대총통 이었다.

1912년 1월 1일 난징

만주 전제정부※를 반드시 무너뜨리고 '중화민국'을 건국하겠 습니다!

국민의 행복을 중시하고 국민의 뜻에 따르겠습니다.

이로써 아시아 최초의 공화제 국가인 중화민국 임시정부가 수립되었다.

※ 만주족이 세운 청 조정을 가리킴

전 세계가 중화민국을 문명국의 일원으로 인정하게 하고 외국과의 불평등 조약을 개정하겠습니다!

아편의 재배와 흡연, 전족※과 같은 청 시대의 악습을 금지하겠습니다!

※ 여성의 발이 커지지 않도록 묶어 성장하지 못하게 하는 풍습

청의 군인이었던 리위안훙, 그리고 청의 입헌파 '장젠'이 가세했다.

장젠

리위안훙

차이위안페이

황싱

임시정부의 구성원으로 중국 동맹회의 황싱과 차이위안페이,

나를 무시하고 멋대로 쑨원을 대총통으로 선출하다니!

용서 못해! 나는 인정하지 않는다!

이 사실을 알게 된 위안스카이는

게다가 양쯔 강에 군함을 파견해 임시 정부에 압력을 가했다.

혁명파에 맡기면 어떤 정치 체제가 될지 모르오….

괜히 혁명파를 자극해서 우리의 권익을 잃고 싶지는 않지만…

영국을 비롯한 열강들도 위안스카이를 지지하고 있었다.

영국 공사

이들은 세관에서의 징수권을 양도하지 않음으로써 임시정부를 재정난으로 몰아넣었다.

프랑스 공사

그런 점에서 위안스카이는 교섭이 가능할 것 같소.

위안스카이를 대총통으로 앉히는 편이 나았어!

쑨원에게 임시정부를 이끌게 해선 안 돼!

여기에 혁명파 안에 쌓인 쑨원에 대한 불만까지 맞물리면서 강화를 주장하는 사람들이 늘어나기 시작했다.

위안스카이에게 대총통의 지위를 넘겨서라도 우선 청부터 타도해야지!

상황이 이렇게 되자 쑨원도 요구를 받아들일 수밖에 없었다.

국민을 위해서…

임시 대총통의 지위를 위안 스카이에게 넘기겠소 …!

황제가 퇴위하고 위안스카이가 공화제에 찬성한다면

50

이에
위안스카이는
황궁으로
향했다.

혁명파가
세력을 확대해
수도를 함락한다면,
폐하를 비롯한
황족 분들을
그냥 두지 않을
것입니다.

그런 상황이
오기 전에
폐하께서
스스로
퇴위하시는
편이 좋지
않겠습니까?

전선의 장군들과
외국의 공사들도
폐하의 퇴위를
요구하고 있습니다.

소신도
총리대신의
의견에
찬성
합니다.

잘 되어 가는군.

?

하, 이제 다른 선택지는 없는 것 같구나 ....

조정 내에 남아 있던 항전파 '량비'까지 테러를 당해 암살되자

량비

1912년 2월 12일 선통제의 퇴위가 발표되었다. (청 멸망)

조정은 황제의 퇴위로 의견을 모았다.

중국 대륙에서 2천 년 이상 이어진 전제 왕조 체제가 여기서 무너진 것이었다.

이때 쑨원은 위안스카이에게 조건을 달았다.

1. 임시정부의 수도는 난징으로 할 것
2. 위안스카이는 난징에서 임시 대총통에 취임할 것
3. 새로운 대총통은 잠정 헌법※을 준수할 것

※ 임시로 제정한 헌법을 말함

베이징에서 막강한 권력을 휘두르던 위안스카이를 난징으로 이동시켜 그 힘을 억제하려 했던 것이다.

흥
...

청의 멸망과 함께 쑨원은 중화민국의 임시 대총통직을 사임하고,

1912년 3월 위안스카이가 자리를 넘겨받았다.

이처럼 1912년 3월에 제정된 「임시약법」은 「일본제국헌법」에 비해 의회가 큰 권한을 가져 급진적인 성격을 지니고 있었다.

이걸로 위안스카이의 폭주를 멈출 수 있으면 좋을 텐데….

아니, 우리는 아직 굳건하게 단결돼 있지 않네….

저벅 저벅 저벅

쾅

독재는
좋지 않소!

민주적인
구조로 나라가
운영되어야
하오!

의회에게
큰 권한이
주어지면
혼란이 가중될
걸세!

대총통이
강력한
권한을 가지고
지도해야 해!

하지만
쑨원은
쑹자오런과
생각이
달랐다.

정부는
난징에
두기로
약속했잖아!

위안스카이는
이「임시약법」을
승인했으나,
베이징에서
이동하지 않고
임시 대총통에
취임했다.

국민당은 헌법을 따르고 의회제 민주주의를 실현하겠습니다.

와아아아

중국 동맹회를 모태로 하는 국민당이 결성되었다.

이사장은 쑨원이었으나 실질적인 리더는 쑹자오런 이었다.

한편 「임시약법」에 따라 의회 선거가 실시되면서

국민당

공화당

반대로 위안 스카이는 자신을 지지하는 이들을 공화당으로 조직했다.

그렇게 12월부터 실시된 선거에서 대승을 거둔 것은 국민당 이었다.

이대로 의회정치가 시작되면 중화민국에는 분열이 일어날 거야.

국민당이 이토록 지지받을 줄이야 ….

쑹자오런은 위험하다 …!

…

1913년 3월 20일 상하이역

58

위안스카이는
혁명의 의지를
잊은 거냐!

국민당은
의회에서
위안스카이를
추궁했다.

이 무렵
국빈 자격으로
일본을 방문하고
있던 쑨원은
이 소식을 듣고
귀국했다.

하 하 하 하 하

그러자
위안스카이는
의원을
매수하고
쑨원을
음해했다.

한시라도
빨리
돌아가
국민당을
도와야 해
….

60

※ 위안스카이에 의해 3명의 도독 '리례쥔', '바이원웨이', '후한민'이 해임됨

이후 위안스카이는
쑨원과의 약속을
잇달아 깨트렸다.

1914년 초
의회를 해산하고,

국민당을
해산
시키겠다.

쑨원의
국민당 의원
자격을
정지하고,

제2혁명 직후인
1913년 10월
위안스카이는
의회에서
정식 대총통으로
선출되었다.

와
아
아
아

「임시약법」을
파기한 다음
대총통의
권한을
대폭 강화한
「중화민국약법」
을 제정했다.

이제 실질적으로 황제나 마찬가지 아닌가.

여기에 더해 자신의 임기를 종신직으로 규정했다.

음 하 하 하

아니, 아예 황제가 되어 볼까나?

훗

의원을 매수해 중앙집권화 정책을 시행했다.

강력한 국가를 건설하기 위해 군사력을 강화하고

위안 스카이는 열강들로 부터 많은 차관을 얻어

음 하 하 하 하

신장 위구르족

몽골족

만주족

티베트족

한족

중화민국은 그들의 영토까지 물려받았다.

청은 다양한 민족을 지배하고 있었기에

한편 중국 대륙 밖에서도 신해혁명을 계기로 독립하려는 움직임이 잇따랐다.

러시아가 개입함으로써 외몽골은 중화민국의 종주권을 인정하되 자치권을 획득했다.※3

칫, 어쩔 수 없나. 자치권을 인정하지.

그러던 1911년 청에 복속되었던 외몽골※1에서 티베트 불교의 고승이었던 '젭춘담바 후툭투 8세'가 '복드 칸'※2으로 즉위해 독립을 선언했다.

중화민국은 이를 인정하지 않았으나,

※1 오늘날 몽골과 러시아의 투바 공화국 지역
※3 다만 내몽골(몽골 남부 지역)의 자치는 승인되지 않음
※2 쉽게 '칸'이라 하나 엄밀히는 '카간(황제)'으로 즉위함

소비에트 연방의 영향 아래 세계에서 두 번째로 사회주의 국가가 수립된 것이다.

히를러깅 처이발상
몽골 인민혁명당

이후 1924년 외몽골에는 몽골 인민 혁명당에 의해 '몽골 인민 공화국'이 수립되었다.

그렇게 1913년 '달라이 라마 13세'가 독립을 선언했다.

달라이 라마 13세
티베트 최고지도자

이 무렵 티베트 역시 중화민국 으로부터 독립 하고자 했다.

이에 영국은 자국의 영향력을 강화하기 위해 협력했다.

참고로 티베트의 북쪽, 일찍이 서역이라 불리던 신장 지역에는 다양한 소수 민족이 이슬람교를 믿으며 살고 있었는데,

이들은 18세기 중반부터 청의 지배를 받다가, 신해혁명 이후로는 군벌의 지배를 받게 되었다.

이윽고 영국, 티베트, 중화민국 3자 간에 회담이 열렸으나, 갈등은 해소되지 않았다.

티베트는 중화민국의 일원이다.

곧이어 이러한 동아시아의 정세 속에서 유럽이 격동하기 시작했는데…

동아시아 각국은 큰 영향을 받지 않았으나 곧 말려들게 되니,

1914년 제1차 세계대전이 발발한 것이다.

당시 중화민국은 중립※2을 선언한 상태였으나

이 세계대전을 식민지를 획득할 절호의 기회로 여긴 일본의 표적이 되었다.

※2 중화민국은 1917년부터 참

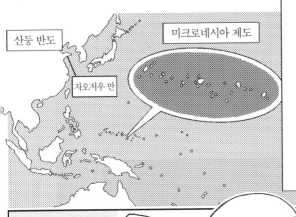

산둥 반도

미크로네시아 제도

자오저우 만

영일 동맹을 근거로 독일에 선전포고한 일본은 산둥 반도 남부 중화민국의 영토이자 독일의 조차지인 자오저우 만과 태평양의 독일 영토인 미크로네시아 제도를 점령했다.

칫, 군사력으로는 당할 수 없겠어.

일본의 요구를 받아들일 수밖에 없나….

우리 일본이 대륙에 진출할 기회로군!

오쿠마 시게노부
일본 총리대신

이에 어찌할 도리가 없던 중화민국은 주요 요구를 승인했다.

1915년 일본은 산둥 반도에 대한 독일의 권익을 승계하고,

중화민국 측에 일본인 정치·재정 고문을 초빙할 것을 요구하는 '21개조의 요구'를 전달했다.

이렇게 된 이상…

에잇, 시끄러운 민중들 같으니라고.

정부는 겁쟁이다!

일본의 요구를 거절하라!

중국인들은 이러한 정부의 저자세 외교에 항의 운동을 전개했다.

1915년
위안스카이는
공화제를 폐지하고
제정 부활을
선언한 뒤,
이듬해 스스로
황제로 즉위했다.

그러나
세계
각국의
지지를
받지
못했고,

1915년 12월
국민당 계열의
지방군인이 일으킨
제3차 혁명 등의
영향으로 인해
즉위한지 얼마
지나지 않아
퇴위하게 되었다.

불과
83일
간의
재위
였다.

이윽고
위안
스카이가
실의에
빠져 지내다
병사하면서

각 지방의
유력자들이
중화민국
정부의 실권을
두고 다투기
시작했다.

민중을 계몽하고 사상 측면의 개혁을 목표로 하는 운동을 일으켰다.

이를 '문학혁명'이라 부른다.

동아시아의 공업은 제1차 세계대전으로 미국 및 유럽 각국의 물자가 부족해지면서 발전했다.

중화민국에서는 방적, 제분 등의 경공업을 중심으로 민족 자본이 성장해 국민들의 생활이 안정돼 갔는데,

자네, 이 책 읽어 보았나?

신청년
LA JEUNESSE

리다자오
북경대학교
도서관 주임

이로 인해 도시 노동자와 청년 지식인이 늘어났으며 저널리즘이 발전하게 되었다.

한편 신해혁명 이후의 혼란스러운 정치 상황에 실망한 지식인들은

흠, '신청년'?※1 잡지인가?

'민주와 과학' 이라는 슬로건으로 유교적 도덕관과 낡은 형식의 문학에 의문을 제기하고 있네.

※1 1915년 중화민국의 사상가 · 혁명가인 '천두슈'가 창간한 잡지.
이후 중국 공산당의 기관잡지가 됨

70

※2 당대 문학가인 '후스'가 잡지 『신청년』에서 문어체와 반대되는 구어체 형식을 추구하자고 주장한 글, 당시에는 사악한 도리로 여겨짐

'백화문학' (구어체)이라…

대화하듯 글을 쓰니, 정말 술술 읽히는 걸.

그렇지?

이 문체라면 많은 사람이 쉽게 읽을 수 있을 거야.

팔락 팔락

호오, '후스'의 「문학개량 추의」※2는 흥미롭군!

우리나라에 사회주의 사상을 알리려면 나도 책을 더 써야겠네.

문학 혁명의 중심이 된 베이징 대학에서 러시아 혁명 이후

리다자오와 같은 인물에 의해 마르크스주의가 연구되기 시작하면서 중화민국에 사회주의가 조금씩 스며들었다.

이후 '루쉰'의 소설인 『광인일기』, 『아Q정전』 등이 발표되고,

루쉰
문학가 · 사상가

나는 아직 삼민주의의 이상을 포기하지 않았다!

한편 1919년 10월 상하이로 건너간 쑨원은 중국 국민당*을 결성했다.

중국 대륙의 격동기는 아직 끝나지 않은 것이다.

쑨원이 중화혁명당을 개편해 만든 대중 정당으로, 1912년에 상하이... 국민당과는 별개의 조직임. 5ㆍ4운동의 영향을 받음...

'만국박람회'란 예술과 오락이 결합된 행사로, 각국의 최신 발명품과 기술을 선보이는 자리다.

1900년 프랑스에서는 파리 만국박람회가 개최되었다.

제 2 장 제1차 세계대전의 서막

앙리 셋째

피에르 첫째

장 둘째

파리 교외에 사는 어느 가족

에스컬레이터

이는 단순한
산업박람회가
아니라,
일반 대중을
관객으로 하는
엔터테인먼트
이기도 했다.

아빠,
뭐부터
보실
거예요?

1900년에
개최된
파리 만국
박람회에
방문한
관객 수는
무려
5천만 명
정도였다.

이쪽
이야,
이쪽!

전기 기관차

움직이는 보도

특히 이제 막 상용화 되기 시작한 자동차가 인기를 끌었다.

대단해!

와아!

오오!

이 자동차 엔진의 개발은 훗날 비행기의 발명으로 이어졌다.

라이트 형제[1]의 첫 비행(1903년)

※1 세계 최초로 동력 비행기를 사용해 59초 동안 비행에 성공한 미국의 비행기 발명가 형제

한편 19세기에는 새로운 예술 양식인 '아르누보'가 탄생했는데, 유리나 철 등을 새로운 소재로 삼아 적극적으로 활용했다.

알폰스 무하, 「황도 12궁」(1896)

에밀 갈레, 유리 공예품

이 시기 영국에서는 디자이너 '윌리엄 모리스'가 생활과 예술을 연결하는 '아트 앤 크래프트 운동'※2을 시작했다.

저렴하고 조악한 물건으로는 마음이 윤택해지지 않아.

디자인을 좀 더 고급스럽게 바꿔야 해!

윌리엄 모리스

※2. 대량 생산되는 공예품을 비판하며 중세 수공예로의 회귀를 주장하던 운동. 인테리어를 중심으로 가구·직물·식기 등의 디자인을 개혁함.

기존의
회화에서는
역사나 신화 같은
주제를 중시하며
사실적인 표현이
요구되었으나

모네, 「인상, 해돋이」(1872)

르누아르, 「물랭 드 라 갈레트의 무도회」(1876)

19세기
후반부터는
색채와 구도를
중시하는
새로운 예술 사조가
꽃을 피웠다.

폴 세잔, 「사과와 오렌지」(1899)

반 고흐, 「해바라기」(1888)

폴 고갱, 「타히티의 여인들」(1891)

78

출판 기술이 발달해 서적을 대량으로 인쇄, 유통하면서 더 많은 사람이 정보를 얻을 수 있게 되었다.

또 19세기에는 여러 나라에 의무교육과 공교육이 보급되면서 문맹률이 개선되었고,

19세기 말에는 프랑스의 '뤼미에르 형제'가 영사기를 발명해 영화가 탄생했다.

파리 만국 박람회에서도 대형 스크린으로 영화를 감상할 수 있었다.

또 보고 싶어요.

정말 재밌었어요!

팟

파앗

이처럼
예술이 꽃피우고
경제적으로
안정되었던
19세기 말부터
제1차 세계대전
이전의 시기를

프랑스
에서는
'벨 에포크'※
라고
부른다.

※ '아름다운 시절' 또는
'좋은 시절'

하지만
대중
문화가
꽃피운

20세기 초
열강들은
동시에
제국주의
정책을
취하고
있었다.

【영국의 식민지】
당시 영국은 '일곱 바다를
지배하는 국가'로 여겨짐

와아아아

이에 따라
다양한 민족·집단이
자신들의 권리나
국가의 독립을
강력히 주장했다.

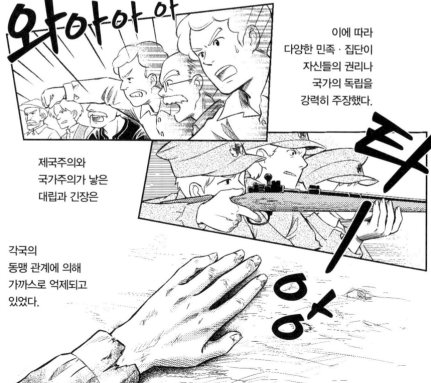

제국주의와
국가주의가 낳은
대립과 긴장은

촤앙

각국의
동맹 관계에 의해
가까스로 억제되고
있었다.

러시아

오스트리아
-헝가리

오스만 제국

발칸 반도

민족주의
가 대두
되는 한편
종교 대립
까지 격화
되었다.

특히
열강의
이해가
부딪치던
발칸 반도
에서는

러시아

오스트리아
-헝가리

루마니아

세르비아

불가리아

몬테네그로

그리스

오스만 제국

이에
오스
트리아
-헝가리가
반발했다.

이 무렵
러시아는
오스만 제국이
쇠퇴하자
남하정책을
취했는데,

지금
이야말로
발칸
반도에
손을 뻗을
기회다!

오스트리아-헝가리

그런 와중 오스만 제국에서
'청년 튀르크' 혁명이 일어나자,
1908년 오스트리아-헝가리는
혼란을 틈타,
오스만 제국이 관리하던
보스니아-헤르체고비나를
병합했다.

[잠깐!] 이후부터 '보스니아-헤르체고비나'는
'보스니아'로 줄여 부릅니다.

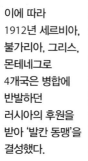

이에 따라
1912년 세르비아,
불가리아, 그리스,
몬테네그로
4개국은 병합에
반발하던
러시아의 후원을
받아 '발칸 동맹'을
결성했다.

러시아

오스트리아-
헝가리가
마음대로
하게 둘 수는
없지!

러시아의
도움을 받아
발칸 반도를
해방하자!

【발칸 동맹】

몬테네그로 　불가리아 　그리스 　세르비아

그러나 곧이어
획득한 영토의
분배를 두고
발칸 동맹
내부에서
불가리아와
다른 3개국이
대립했다.
(제2차
발칸 전쟁)

같은 해
오스만 제국에
선전포고한
발칸 동맹은
이듬해인
1913년
승리했다.
(제1차
발칸 전쟁)

이같이 극도로
불안정한
정세로 인해
발칸 반도는
'유럽의 화약고'
라 불렸다.

오스트리아
-헝가리

사라예보

루마니아

세르
비아

불가리아

몬테네그로

알바니아

그리스

오스만
제국

보스니아-헤르체고비나

패전해 영토의
일부를 빼앗긴
불가리아는
러시아와
대립하던
독일과
오스트리아
-헝가리에
접근했다.

...

놈이 황제로 즉위하면 세르비아가 보스니아를 해방할 날도 멀어지겠지.

보스니아는 1908년에 오스트리아-헝가리에 병합되었는데, 이들은 대부분 슬라브족으로 구성돼 있었다.

그렇기에 세르비아인들은 같은 슬라브족인 보스니아가 자국으로 편입되길 바랐다.

그러던 1914년 6월 28일 보스니아의 수도 사라예보

쿵

딸깍

이윽고 모든 세르비아인의 통일을 목표로 하는 과격파 민족주의 단체 '흑수단'*이 암살을 계획했다.

끄덕 끄덕

가브릴로 프린치프
세르비아 청년

※ '검은 손(Black Hand)'이라는 뜻의 세르비아 비밀 결사 조직

통일인가, 죽음인가…

보스니아는 오스트리아인 네놈들 땅이 아니야…!

세르비아인 들의 땅이라고…!

스윽

당시 사라예보에는 오스트리아─형가리의 황태자 부부가 방문하고 있었는데…

저들이 황태자 부부인가?

조피 초테크
호엔베르크 여공작

프란츠 페르디난트
외스터라이히에스테 대공

사건 발생
1개월 후인
7월 28일,
오스트리아-
헝가리는
세르비아에
선전포고했다.

근거리에서 발사된
첫 번째 탄환은
대공에게,
두 번째 탄환은
여공작에게 닿았다.

결국 둘은 그 자리
에서 숨을 거뒀다.

전쟁이
커지는 건
피하고
싶은데
…

하지만
세르비아는
러시아와
동맹을 맺고
있어.

황족을 암살
하다니…
세르비아를
공격할 명분이
생겼군.

그러나
전쟁은
도미노가
쓰러지듯
전 세계로
번져
나갔다.

**오스트리아-헝가리의
권력자**

※ 독일 제국에서 군대의 작전을 지휘하는 최고 사령관

오스트리아-헝가리로의 지원을 구실로 전쟁에 개입하고자 했다.

러시아와 프랑스를 공격할 기회입니다!

폐하,

이 소식을 들은 독일은 영토를 확장할 목적으로

몰트케 독일 참모총장※

우리 제국은 오스트리아와 동맹을 맺고 있지 않습니까.

참전할 명분이 있습니다.

확실히 러시아는 국토가 넓어 전쟁을 준비하는 데 시간이 걸리네….

빌헬름 2세 독일 황제

슐리펜 계획이란 몰트케의 전임 참모총장인 슐리펜이 세운 러시아-프랑스 양면 전쟁 작전 계획을 말한다.

탁

이렇게….

그렇습니다. 지금이야말로 '슐리펜 계획'을 실행할 때입니다.

88

한편 독일의 선전 포고와 벨기에 침공 사실을 알게 된 영국 에서는 …

프랑스와는 모로코 영토 문제로 아프리카에서 부딪치지 않았습니까 ….

독일은 벨기에를 침략해 프랑스의 약화를 노리는 것이 아닐까요?

유럽 대륙의 전쟁에 영국이 참여할 생각은 없지만 ….

애스퀴스
영국 총리

저는 영국이 참전해야 한다고 생각합니다. 새로운 영토를 획득할 기회 입니다.

참전을 주장한 처칠은 훗날 제2차 세계대전 에서 총리로서 나치 독일과 싸우게 되는 인물이다.

윈스턴 처칠
해군장관

독일이 벨기에를 침공한 8월 4일, 영국이 독일에 선전포고 했다.

좋소. 독일의 야심을 꺾고 아프리카에 있는 작은 식민지까지 빼앗읍시다!

금방 마무리 될 거요.

오스트리아 -헝가리가 선전포고한 지 일주일 만에 서로 동맹 관계였던 나라들이 하나둘 참전을 표명했다.

우리 대영제국이 독일에 침략당한 벨기에를 해방하는 거야!

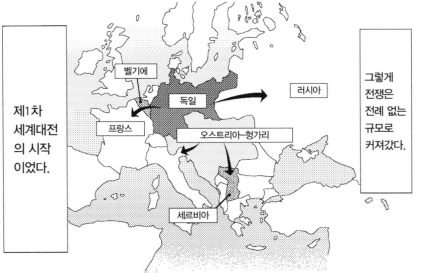

제1차 세계대전의 시작이었다.

벨기에

독일

러시아

프랑스

오스트리아-헝가리

세르비아

그렇게 전쟁은 전례 없는 규모로 커져갔다.

동맹국

많은 튀르크족이 살고 있는 중앙아시아를 러시아로부터 해방하겠다!

무슬림들이여, 일어나라!

오스만 제국

제1차 세계대전에서 오스트리아-헝가리, 독일 주도의 진영을 '동맹국'이라 한다. 이후 오스만 제국과 불가리아 등도 여기에 가세했다.

마케도니아

마케도니아가 탐나는 걸. 마케도니아를 준다면 참전하겠어!

오스트리아 -헝가리

독일

불가리아※

※ 독일이 마케도니아 할양을 약속해 동맹국으로 참전함

독일과 영국을 비롯한 유럽 열강들은 이 전쟁을 새로운 영토를 획득하고 세력을 확장할 기회로 여겼다.

협상국

한편 영국, 프랑스, 러시아 주도의 진영을 '협상국'이라 부른다. 이후 이탈리아, 일본 등이 여기에 가세했다.

일본

신성한 연합(유니온)을 만들자!

프랑스의 국민들이여, 조국을 수호하기 위해 하나 되어 싸우자!

독일이 유럽의 질서를 어지럽히는 걸 용납할 수 없다!

이탈리아

영국

프랑스

내친김에 독일령 폴란드를 받아야 겠어!

독일과 싸우고 싶지 않지만, 동맹국인 세르비아를 무시할 수는 없어.

러시아

많은 국가가 전쟁을 빠르게 끝내고 상대의 영토를 차지하겠다는 생각으로 임했는데,

전쟁이 심각하고 비참하게 전개되리라 예상한 지도자는 거의 없었다.

독일로부터 프랑스의 문명과 자유를 보호하고 싶어.

조국을 지키기 위해 싸우고 올게.

피에르

하하, 조금 긴 여름방학 같을 거야. 크리스마스에는 돌아오겠지.

장

이건 무얼 위한 전쟁일까?

앙리

저 머나먼 발칸 반도에서 일어난 사건이 유럽 전체를 전쟁터로 끌고 왔어.

... 나는 아직 결심이 서지 않아.

96

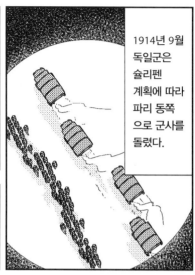

1914년 9월 독일군은 슐리펜 계획에 따라 파리 동쪽으로 군사를 돌렸다.

그러나 영국 정찰기가 이러한 움직임을 알아챘다.

이런 곳에 독일군이 있다니!

부웅웅웅

그 정보는 곧바로 프랑스에게도 전달되었다.

적은 지금 마른에 있나?

그곳을 치면 독일군의 진격을 막을 수 있겠소.

하지만 장군, 지금 우리 군에는 그만한 병력을 수송할 수 있는 차량이 없습니다.

그거야!

우물쭈물 하다간 독일군이 파리로 향할 거야.

무슨 일이 있어도 마른 강에서 막아야 하는데….

병사들을 수송할 수단이 있으면 좋으련만….

정말이지, 택시라도 빌리고 싶네요.

흐으음…

전쟁터라도 기꺼이 데려다 주지!

조국을 위해서라면!

이렇게 해서 파리에 있는 택시들이 총동원되었다.

살아 돌아와 이 택시를 다시 타 주게.

고맙습니다.

청년들, 힘내시게!

파리를 지켜내자!

들어라, 무슨 일이 있어도 여기서 독일군을 막는다!

이렇게 파리 동쪽 마른 강에서 일어난 전투에서

프랑스군은 독일군을 습격해 진격을 막는 데 성공했다. (제1차 마른 강 전투)

함락 위기를 넘겼다.

'마른의 택시'라는 이름으로 역사에 남은 이 택시 한 대는 지금도 파리 박물관에 자랑스럽게 전시돼 있다.

그렇게 파리는

부디 살아 돌아오길….

9월 14일 독일의 공세가 마른 강 전투에서 멈추자, 몰트케는 책임을 지고 참모총장직을 사임했다.

이 전쟁은 길어질 것 같군… 내 힘으론 어렵겠어.

계획상 개전 6주 만에 파리를 함락해야 했는데….

몰트케

참호전은 전장에 구덩이(참호)를 파고

그곳에서 병사들이 상대편을 저격하는 전투 방식이다.

특히 한 번에 많은 탄환을 쏠 수 있는 기관총이 투입되면서

기술 혁신과 군 정비가 이루어진 19세기 후반, 이 전쟁은 지금까지의 전쟁과는 전혀 다른 양상을 보이기 시작했다.

단기간에 결판이 나지 않고 참호전 양상으로 전쟁이 전개되었다.

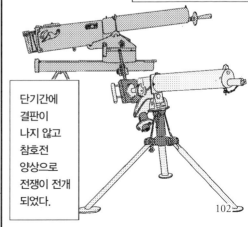

이렇게 총알이 빗발치는 상황에선 참호에 몸을 숨기는 수밖에 없어.

매일매일 참호가 길어지기만 하네요.

피에르

그런데 이젠 참호 밖으로 몸을 내밀면 기관총에 맞아 일순간에 사라지지.

그러니 공격하기 쉬운 곳까지 참호를 파서 나아가는 수밖에….

옛날엔 단발 라이플로 싸웠거든? 명중력이 떨어지는 데다, 재장전하는 데도 시간이 걸려서 마지막에는 정면 돌격해 결판을 냈지.

퍽

그래서 전쟁이 끝나지 않는 거야.

그렇지만 상대도 똑같이 파고 있잖아요.

탁 탁

103

이 전쟁이 세계대전으로 불리는 이유는 전선이 유럽을 넘어 전 세계로 확대되었고,

일진일퇴를 거듭하는 공방이 많은 지역의 정치와 경제, 그리고 사람들의 삶에까지 영향을 끼쳤기 때문이다.

일본 역시 1914년 8월 23일 영일동맹을 근거로 독일에 선전포고 했다.

영국 해협

참호

스위스 국경

서부 전선에서는 스위스 국경부터 영국 해협까지 협상군과 동맹군을 합해 총 750km에 달하는 참호가 만들어졌다.

그 결과 일상적으로 포격하고 정기적으로 돌격하는 소모전이 반복되었다.

그렇게
1914년 10월
일본군이 독일령
캐롤라인 제도를
점령했다.

이 당시
일본은
유럽 열강의
전쟁을 틈타
아시아와
태평양에
있는 독일의
영토를
빼앗고자
했다.

• 캐롤라인 제도

산둥 반도

이어 중화민국의
산둥 반도에서
독일의 조차지
자오저우 만을
둘러싸고
일본군과
독일군 사이에
본격적인 전투가
시작되었다.

이윽고
11월

일본군이
전투에서
승리했다.

여기에
만족하지
않은
일본은

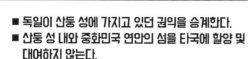

1915년 1월 중화민국에 '21개조 요구'를 제출했다.

그럼에도 같은 해 5월, 일본 정부는 군사력을 앞세워 대부분의 요구를 승인하도록 만들었다.

이는 일본에 유리한 조건을 요구하는 불합리한 내용이었기 때문에 국제사회는 일본을 불신하게 되었다.

중화민국이 일본의 이권을 인정하게 만들 기회다.

유럽 열강이 아시아에 개입할 수 없는 지금이 바로

가토 다카아키
일본 외무대신

이를 계기로 중국인들 사이에는 격렬한 항일 운동이 일어났다.

항일

전쟁이 금방 끝날 줄 알았는데, 이런 상황이 언제까지 계속되는 걸까…. 전혀 기미가 보이질 않네.

피에르　　장

한편 전쟁이 시작되고 1년여가 지난 1915년 겨울 서부 전선

조국을 위해 전쟁터에 왔지만

하고 있는 일이라곤 축축한 진흙 구덩이 속에서 적을 기다리는 것뿐이라니….

형, 앙리는 지금쯤 어떻게 지내고 있을까?

후, 그 녀석은 전쟁에 반대한 겁쟁이잖아….

휘 이 이 이 이 잉

107

바스락

지금쯤 마리도 야전병원에서

종군 간호사로 열심히 일하고 있을 텐데.

슥

전선이 확대되고 전투가 치열해지자 많은 수의 부상병이 발생하면서

모든 전쟁 참가국에서 위생 부대와 야전병원을 필요로 했다.

이에 따라 많은 여성이 구호 활동에 자원했다.

도대체 무슨 생각을 하시는 …!

바다 위가 어렵다면 바닷속은 어떻습니까?

유감스럽지만 우리의 해군력은 영국에 뒤집니다.

독일 해군

각국에 해역을 지나는 배를 모두 공격하겠다고 통보하고, 잠수함을 이용해 항행을 압박하는 겁니다.

그럼에도 지나가는 배가 있다면 공격하면 되죠.

당시 잠수함은 각국에서 상용화되고 있었다.

특히 독일의 잠수함인 'U보트'는 작은 크기에도 불구하고 대형함을 잇달아 격침해 큰 성과를 내고 있었다.

술렁…

111

슈
우
우 우
웅

1915년 2월
독일은 곤경을
타개하기 위해
국제법을
위반하고
무제한 잠수함
작전을 개시
했다.

그러나
이 작전은
미국을
세계대전에
끌어들이는
계기가
되고 만다.

영국과 프랑스처럼 넓은 식민지를 가진 국가들은 식민지에서 병사와 노동자를 징용하고,

나아가 물적 자원까지 대규모로 징수했다.

전선이 확대되자

이봐, 전쟁에 협력하면 자치권을 늘려주겠다던데?

그 말 진짜야?

프랑스 서부 전선

와아 아아!

이 무렵 인도에서는 150만 명, 아프리카에서는 130만 명 이상이 징집돼 최전선에 섰다.

그러나 식민지 사람들은 조국과 유럽의 기후가 달라 힘들었던 데다, 이따금 종주국 사람들에게 차별을 받기도 했다.

영국 탄광

왜 우리가 남의 나라 탄광에서 일해야 하는데…

으아 아악!

콰아아쾅

탕 탕

피융

살았다 0...
...

으, 더 늦기 전에 철수한다!

안타깝지만 아드님께서는 전사 하셨습니다.

일부 식민지 에서는 전쟁에 협력함으로써 권리가 확대 되지 않을까 기대했지만, 대부분이 배신당했고

그러나 가혹한 대우로 인해 식민지에선 반란과 시위가 빈번하게 일어났다.

식민지에서 징집된 병사는 대략 200만 명 이상이었다.

대가 없는 희생을 요구받은 식민지 사람들의 분노는 커져갔다 ...

114

이에 대항하기 위해 다른 나라들도 사용하기 시작했다.

1915년 4월 독일군이 독가스를 처음으로 사용하자

콰

아

아

콰

2월부터 12월 말까지 이어진 베르됭 전투에서 프랑스군의 사상자는 31만 5천 명,

독일군의 사상자는 28만 1천 명에 달했다.

1916년은 제1차 세계대전 기간 중에서도 특히나 가혹한 두 차례의 전투가 벌어진 해였다.

솜

독일

베르됭

프랑스

7월이 되자 솜에서 새로운 양상의 전투가 벌어졌다.

그러게, 안 그래도 더워 죽겠는데 말이야.

이 방독면 너무 꽉 끼는걸.

장

피에르

… 저거?

대포에 장갑을 씌우고 무한궤도를 탑재한 움직이는 포대야.

탱크?

형, 영국군이 '탱크'를 투입했대.

초기의 탱크는 고장이 잦았지만, 점차 무서운 위력을 발휘하게 되었다.

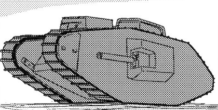

저런 거대한 쇳덩어리 앞에선 사람은 맥도 못 추고 쓰러지겠는걸.

118

부우우 우 우 웅

두

두

두

두

두

또 항공기 쪽에서는
정찰용 기체뿐만 아니라,
'전투기'가 투입되기
시작했다.

독일
놈들을
유인해서
…

가까이
다가
오면
…

쏜다
!

타 타 타 타

후우
…

후우
…

그리고
솜 전투
에서
최초로
'경
기관총'이
투입
되었다.

협상국 프랑스군 병사

전투는
11월까지
계속되었고,
영국 · 프랑스
협상군과
독일군을
모두 합쳐
약 100만 명
이상의
사상자가
발생했다.

이토록
많은 희생이
따랐음에도,
전쟁 상황은
거의 변하지
않은 채
전투는 다시
참호전으로
돌아갔다.

미국 백악관

이 즈음 미국은 아메리카와 유럽은 서로 간섭하지 않는다는 방침을 원칙으로 삼아 참전하지 않고 '고립주의' 노선을 걷고 있었다.
(상호 불간섭주의)

또 각국과의 무역을 이어 가겠습니다.

우리 미합중국은 이 전쟁에서 중립적인 입장을 취하겠습니다.

우드로 윌슨
미국 제28대 대통령

이 사건의 사망자 중에는 미국인이 무려 128명이나 포함돼 있었기 때문에, 미국 내에서는 참전 여부를 두고 찬반 여론이 엇갈렸다.

그러던 1915년 5월 독일군의 무제한 잠수함 작전으로 인해 영국의 민간 여객선인 루시타니아호가 침몰하는 사건이 발생했다.

루시타니아호

대통령님, 국민들은 독일의 폭거에 분노하고 있습니다.

우리 국민의 생명을 앗아갔으니 보고만 있을 순 없습니다.

에드워드 하우스
윌슨의 고문

독일 놈들… 대체 무슨 짓을 한 거야!

이번 일은 독일에 강력히 항의해야 겠습니다!

참전 하시겠 습니까?

탕

122

[잠깐!] 제2장에 등장하는 '피에르'와 그의 가족은
역사에 실존하는 인물이 아닙니다.

레닌

시간은 제1차 세계대전 발발 이전으로 거슬러 올라간다. 20세기 초 일본과 러시아는 만주를 둘러싸고 대립하고 있었다.

그러던 1904년 러일 전쟁이 발발하자 러시아는 고전을 면치 못했다.

트로츠키

니콜라이 2세

스탈린

케렌스키

그 결과 빈곤과 전쟁으로 힘겨워 하던 러시아 민중 사이에 제국에 대한 불만이 커져갔다.

여러분,
차르께 전쟁을
멈춰달라고
부탁드립시다.

1905년
1월 9일
토요일
(일요일)※

※ 당시 러시아의 역법(율리우스력)으로는 일요일

러시아 정교회의
사제 '가폰'이 이끄는
시민 십만 명 가량이
동궁을 향해
평화 행진을 시작했다.

헌법을
제정하라!

군중의
행진을
막아라!

그러나
정부는
군대를
동원해
시위를
저지했고

발포
명령을
내려
수백 명의
사상자가
발생했다.

이를
'피의
일요일
사건'
이라
한다.

1905년 5월 발틱 함대가 쓰시마 해전에서 일본군에 패하고,

9월 '포츠머스 조약'을 맺음으로써 러일 전쟁은 종결되었으나,

사실상 패전한 것이나 다름없어 차르에 대한 민중들의 불신은 점점 커져만 갔다.

10월 수도인 상트페테르부르크에서 대규모 파업이 일어났다.

차르는 의회를 인정하라!

우리의 목소리를 들어라!

와아 아아 아

와아 아아 아

민중들의 분노는 가라앉지 않는가 ....

폐하,

니콜라이 2세
로마노프 왕가 차르

어찌 하시겠습니까?

철저하게 탄압하거나, 입법 의회를 약속하셔야 합니다.

세르게이 비테
재무장관

혁명만은 피하고 싶네.

탄압하면 혁명은 더욱 거세지겠지….

의회 설립을 받아들이는 수밖에….

그렇게 10월 17일 니콜라이 2세는 '10월 선언'을 공표했다.

[10월 선언]
· 사상 · 언론 · 집회 · 결사의 자유
· 선거권의 확대
· 입법권을 가진 두마(의회) 설립
· 두마에 의한 행정 감시

와아아아아

이 선언에 따라 정부가 입헌군주제를 채택하면서 혁명의 물결은 일단 잠잠해졌다.

우리 의견을 표현할 수 있게 됐어.

해냈어, 의회가 생긴다!

시민의 정치적 자유가 인정됨에 따라 새로운 정당이 설립되었고, 그동안 불법이었던 정당들과 노동조합이 합법으로 인정되었다.

우선 노동조합 대표와 만남을 가집시다.

두마의 초대 총리로는 비테가 취임했다.

사회혁명당(SR)
농민 중시. '나로드니키'*를 계승

우리는 농민의 편!

입헌민주당(카데트)
지식인 · 지주 기반

헌법에 근거한 정치를 실현하자

【러시아의 정당】

플레하노프

혁명은 천천히 하자!

레닌

서둘러 혁명을 일으키자

멘셰비키(소수파)
러시아 사회민주노동당 보수파
대중적인 노동자 파벌

러시아 사회민주노동당

볼셰비키(다수파)
러시아 사회민주노동당 진보파
급진적인 혁명가 파벌

※ 농촌공동체 기반의 사회주의 실현을 주장하는 사상 · 운동

다음 달인 4월 러시아 역사상 최초의 헌법이 제정되면서 러시아는 전제군주제에서 입헌군주제로 탈바꿈되었다.

드디어 우리나라에도 헌법이 생겼다!

야호—

마침내 1906년 3월 선거를 통해 두마의 의원이 선출되고,

두마(하원)
선거로 선출된 의원

국가평의회(상원)
황제에게 임명된 의원 및 지주 출신 의원

두마에 대항 하길 바라며 황제가 국가평의회를 설립한 것이다.

이어 보수적인 성향의 상원이 임명되면서 의회는 양원제로 구성되었다.

4월에 개최된 제1차 의회에서는 두마 측에서 토지 개혁과 인민의 인권 확대 등을 요구했으나 정부로서는 달갑지 않은 내용이었다.

정부는 두마의 결정에 따라야 합니다!

두마 야말로 인민의 목소리 입니다!

그렇게 입헌 민주당이 제1당이 되었다.

두마 의원들

인민의 권리를 지켜라!

두마를 소집 하라!

1906년 7월 니콜라이 2세는 불과 2개월여 만에 의회를 해산시키고

내무장관 이었던 '스톨리핀'을 총리로 임명했다.

스톨리핀

혁명을 잠재우고 싶다면 사회부터 개혁해야만 하오.

부탁 하네.

스톨리핀은 과격한 혁명파를 탄압하는 한편, 근대화를 위한 일련의 개혁 정책을 내세웠다.

농민에게 토지를 배분해 자작농으로 만듦으로써 혁명이 번지지 못하게 하는 겁니다.

농촌 공동체 (미르)를 해체 합시다!

많은 농민이 미르 해체에 불만을 가졌으나, 농업·공업의 생산량이 증가하면서 경기가 좋아졌다.

다 같이 협력해 왔는데 내 땅을 가져봐야 힘들어질 게 뻔해.

신난다! 땅을 가질 수 있다니!

토지 개혁이 시행되자 농민들은 공동체 안에 할당된 토지를 사유로 소유할 수 있게 되었다.

그렇게 같은 해 6월 스톨리핀은 의회를 해산하고 선거를 실시했다.

의회를 해산합니다.

1907년 2월 제2차 의회가 개최되지만, 늘어난 사회주의자로 인해 스톨리핀의 개혁은 격렬한 반대에 직면했다.

헌법에 완전히 위반되잖아!?

황제의 칙령에 따라 지주에게 유리한 쪽으로 선거법을 개정했어!

스톨리핀은 두마의 심의를 거치지 않고

당시 헌법에는 선거법을 개정하려면 하원과 상원이 공동으로 승인해야 한다고 규정돼 있었다. 그런데…

선거 결과 보수적인 상원의 세력이 늘어났다.

하지만 상원 역시 스톨리핀의 개혁이 지나치다고 비판했고, 스톨리핀은 궁지로 내몰렸다.

첨예하게 대립하던 이들은 끝내 1912년을 기점으로 완전히 분열했다.

철저한 무력 투쟁을 주장하는 볼셰비키와 합법적인 투쟁을 주장하는 멘셰비키,

농민과 노동자가 착취당하지 않는 평등한 사회를 만들어야만 해.

멘셰비키의 방법으로는 사회주의를 실현할 수 없어.

※ 지금의 러시아 울리야놉스크

형님께서 처형 당하신다고요!?

1887년 심비르스크※ 레닌의 집

그것이 형님께서 목표로 삼은 진정한 혁명이니까…!

형님께서 지금의 러시아에 필요하다고 생각하신 혁명이란 도대체….

카잔 제국 대학

그렇단다, 차르 암살 계획에 연루되었다는 구나….

레닌 17세

저명한 교육자의 아들인 레닌은 혁명에 몸을 던진 형에게 충격을 받았다.

형님이 혁명가셨다니…!

이후 레닌은 아버지의 모교인 카잔 제국 대학에 진학했는데…

'노동자가 착취당하는 자본주의 시대는 끝나고 사회주의 시대가 도래할 것이다'
- 카를 마르크

팟

135

러시아를
살기 좋은 나라로
만들기 위해선
노동자와
농민을 위한
사회주의 혁명이
필요해.

한시라도
혁명을
앞당겨야
인민을 그만큼
빨리 구할 수
있어.

레닌은
정부에 쫓겨
해외로 망명
하면서까지
열성적으로
혁명운동을
이어갔다.

협상국
동맹국

영국

벨기에   독일   러시아

프랑스

오스트리아-
헝가리

루마니아

이탈리아

세르비아   불가리아

그리스   오스만 제국

러시아는 영국·프랑스 편에 합류해 독일·오스트리아-헝가리와 전쟁을 벌였다.

1914년 제1차 세계대전이 발발하자

〈동부 전선〉 갈리치아[※1]~동프로이센[※2]

동부 전선에서 러시아군은 공세 초기에 우세를 점했으나, 점차 독일군에 밀려 1915년 크게 패했다.

전쟁은 예상보다 규모가 커지며 장기간 이어졌다.

[※1] 우크라이나 서부 및 폴란드 남부
[※2] 러시아 칼리닌그라드 주 및 폴란드 북부

당시 전쟁은 총력전으로 진행돼서 국내에 인구·식량이 부족해지자 파업·시위가 빈번하게 일어났다.

수도 페트로그라드[※3]

빵을 달라!

전쟁 때문에 식량이 없다!

※3 독일과의 전쟁을 계기로 독일어식 명칭이었던 상트페테르부르크를 '페트로그라드'로 개칭함(오늘날에는 상트페테르부르크로 불림)

라스푸틴은 신흥 종교를 신봉하는 수도사였는데,

라스푸틴

황태자의 병을 치료해 차르 부부의 신뢰를 얻은 뒤,

황궁에 드나들며 차르의 조언자로 권세를 떨쳤다.

제 기도로 황태자 전하의 병환을 치료해 드리겠습니다.

높으신 양반들은 전쟁을 이어가고 싶나 보군.

더욱이 이 무렵 민중이 차르를 불신한 다른 이유도 있었다.

국민들은 눈꼽만큼도 생각하지 않는 거지.

바로 요승 '라스푸틴'과 왕가의 유착 때문이었다.

그보다 라스푸틴에 관한 소문 들어봤어?

아무래도 수상한 놈인 것 같아.

138

페트로 그라드에는 빵을 구하는 사람들이 긴 행렬을 이루었고 약탈마저 빈번하게 일어났다.

같은 해 가을 상황은 점차 심각해져 갔다.

도시로의 식량 수송이 정체되면서 식량난이 발생한 것이다.

공장의 여성 노동자들이 식량을 요구하며 파업과 시위를 시작하자 남성 노동자들도 여기에 가담하며 규모가 커졌다.

이내 시위는 수도 전역으로 퍼져 나갔다.

빵을 달라!

빵을 달라!

월급도 적은데… 빵은 구할 수조차 없어!

1917년 2월 23일 세계 여성의 날

군대다!

모두 도망쳐!

굶주림에 대한 항의였던 파업과 시위는 전쟁과 체제에 반대하는 정치 시위로 변해갔다.

차르는 퇴위 하라!

전제※ 타도!

전쟁을 멈춰라!

※ 헌법과 의회를 말함. 인민을 소홀히 하는 '전제 권력'이라며 비난받음

모길료프※1 지휘부

적은 정부다.

그렇게 군대도 시위에 가담했다.

※1 지금의 벨라루스 동부 마힐료우 주

뭐라!? 그게 무슨 말도 안 되는 ….

크, 큰일입니다! 파견된 진압군이 반란에 가담했습니다!

아직도 반란을 진압하지 못하고 있나 ….

팟

니콜라이 2세

러시아어로 '회의'라는 뜻의 소비에트는 점차 노동자와 병사들의 혁명조직으로 성장해 갔다.

그 대표자들이 모여 논의하는 겁니다.

각 공장에서 대표자를 선출합시다.

이 무렵 각지에서는 '소비에트(평의회)'가 결성되었다.

142

이 당시 소비에트를 주도한 것은 멘셰비키와 사회혁명당 이었다.

그중에서도 페트로그라드의 소비에트는 노동자와 병사에게 지도력을 발휘했다.

곧 민중은 두마 의사당 (타우리드 궁전)으로 몰려들었다.

※2 차르 주도의 정치체제를 말함

공화 정부를 세우자!

로마노프 왕조를 타도하라!

왁─아

차리즘※2 을 타도 하라!

여성
노동자들의
시위부터
제정 붕괴
까지의
이 사건을

'러시아
2월 혁명'
이라
부른다.

1917년 3월 2일
니콜라이 2세는
두마와
군 수뇌부의
의향을 수용해
퇴위했다.

수도 경비대
대부분이
혁명운동에
가담했고,
혁명군은
역, 다리, 무기고,
전신국 등을
점령했다.

또
총리와
관료들
까지 속속
체포되자

아아…
짐의 대에서
로마노프
왕조가
끝나다니
…!

그렇게
300년간
이어져 온
로마노프
왕조는
역사 속으로
사라졌다.

이후
차르 일가는
시베리아로
유배당했고

144

임시정부

하나는 두마의 입헌민주당을 주체로 하는 임시정부,

연합국의 일원으로서 참전은 계속돼야 합니다!

차르가 없어지자 러시아에서는 두 권력 집단이 대립했다.

입헌민주당 + 사회혁명당 보수파 +멘셰비키의 일부 자본가(부르주아) 등

소비에트

참전을 중단해야 합니다!

다른 하나는 반란을 일으킨 병사들과 노동자들의 대표가 모인 소비에트였다.

사회혁명당 진보파 + 멘셰비키 +볼셰비키 노동자 및 농민 중심

이로 인해 생산과 수송이 막혀 수도는 식량 부족과 인플레이션에 시달렸다.

지금부터는 공장 직원들이 모든 걸 결정한다! 당신은 꺼져!

지주의 저택에는 다양한 물건이 있어!

두 권력이 대립하며 정국이 혼란한 가운데,

지방과 도시에서는 그때껏 유지된 질서가 무너져 내렸다.

여, 여긴 내 공장이네!

빼앗아 버리자!

145

1917년 핀란드

1918년 에스토니아 · 페트로그라드

1918년 라트비아

1918년 리투아니아

1918년 폴란드

1917년 우크라이나

1918년 자캅카스

· 모스크바

1917년~1918년에 걸쳐 우크라이나, 핀란드를 비롯한 국가들이 러시아의 지배로부터 벗어났다.

이러한 러시아 내의 혼란은 주변 국가들에겐 독립의 기회가 되었다.

마침내 차르가 퇴위한 건가… 사회주의 국가를 세울 기회다.

하루빨리 러시아로 돌아가야 하는데….

레닌 동지, 혁명이 성공했다고 합니다!

지노비예프

1917년 레닌은 스위스에서 망명 생활을 하고 있었다.

실상 독일은 중개 역할을 해줄 것이네.

아니…

씨익

하지만 지금 러시아와 독일은 전쟁 중입니다!

스위스를 벗어나면 바로 독일에 사로잡히고 말 겁니다!

146

임시정부는
필요 없습니다!
모든 권력을
소비에트에
집중시켜야
합니다!

다음 날인
4월 4일
레닌은
볼셰비키 혁명의
방침이 되는
'4월 테제'를
발표했다.

레닌은 임시정부를
배제하고
혁명을 추진해
사회주의 국가를
수립해야 한다고
주장했다.

또 즉시
전쟁을
중단해야
합니다!

협상국을
배신하면
러시아는
고립되고
말 겁니다.
참전을
이어가야
합니다.

그러나 5월
사회혁명당의 보수파
'케렌스키'가
임시정부의 육해군
장관으로 임명되었다.

그는 병사와 노동자의
인기에 힘입어
실권을 잡게 되자,
참전을 이어가며
독일에 대한 공세를
강화했다.

임시
정부

알렉산드르
케렌스키
육해군장관

149

와 아 아 아

참전을
중단하라!

모든 권력을
소비에트로

그 결과 7월 3일
참전을 반대하는
무장 시위가
발생했다.
(러시아 7월 정국)

여러분,
국내외의
적에 맞서
단결
합시다!

7월 8일
케렌스키가
임시정부의
총리로
취임했다.

레닌은
독일의
스파이다,
체포하라!

그러자
임시
정부는
볼셰비키
본부를
공격했고,

레닌은
탄압을
피하고자
핀란드에
몸을
숨겼다.

코르닐 로프는 정말 고집불통 이군….

치안이 악화되면서 군 최고 사령관 '코르닐 로프'는 강경책을 요구했다.

7월 정국을 기점으로 볼셰비키 세력은 일시적으로 약해졌다.

그러나 독일군이 반격을 개시하고

코르닐로프 사령관

볼셰비키 놈들을 철저히 탄압하라!

케렌스키는 이를 쿠데타로 간주했으나, 임시정부에는 진압할 만한 힘이 없었다.

8월이 되자 코르닐로프는 수도를 향해 군을 움직였다.

※ '赤衛軍', 이후 적군(붉은 군대)의 전신이 되는 군대

이에 볼셰비키가 적위군※을 설립하는 걸 허락했다.

결국 쿠데타를 진압한 볼셰비키의 힘은 더욱 강성해졌다.

이 쿠데타를 잠재우려면 볼셰비키의 힘을 빌리는 수밖에 없겠어….

그렇게 1917년 10월 도피해 있던 레닌이 페트로그라드에 귀환했다.

레프 트로츠키
페트로그라드의 소비에트 의장

152

네바 강에 있는 군함 오로라호의 포격을 신호로, 케렌스키를 비롯한 임시정부 일당이 농성을 벌이고 있는 동궁으로 돌격하겠습니다!

이윽고 케렌스키를 제외한※ 임시정부 구성원들이 체포되고 볼셰비키가 정권을 잡았다.

이것이 바로 '볼셰비키 혁명 (러시아 10월 혁명)' 이다.

※ 케렌스키는 탈출해 프랑스로 망명함.

이에
1917년 12월
독일과
휴전 협정을
맺었으나

소비에트
정권이
해결해야 할
또 다른 과제는

오랜 기간
지속되던
제1차 세계
대전이었다.

뒤이어
적위군을
토대로
적군※을
창설하고,

※ '붉은 군대'. 트로츠키에 의해 확충된 소비에트 정권의 군대

정권에
반대하는
이들을
체포,
투옥했다.

비밀
경찰 조직인
'베체카
(체카)'를
설립해

지금 당장은
영토를 잃어도,
혁명이 세계로
확산되면
되찾을 수 있소.

독일과의
전쟁은
끝내야 하오.

혁명에는
성공했지만,
국내가 아직
불안정한 데다,
인민들도
전쟁의 종식을
바라고 있소.

전쟁을
재개합시다.
이 조건은
인정할 수
없습니다!

강화
조건이
문제가
되었다.

우크라이나와
발트 지역을
독립시키라는
말입니까?

이 조약으로 러시아의 영토는 제국 시대보다 대폭 축소되었다. 핀란드, 에스토니아, 라트비아, 리투아니아, 폴란드, 우크라이나와 자캅카스 일부를 잃었으며 전쟁 배상금까지 부과하게 되었다.

핀란드

에스토니아

라트비아

리투아니아

우크라이나

폴란드

자캅카스

※ 러시아는 독일이 항복한 뒤, 이 조약을 파기함.
독일도 1919년 베르사유 조약에서 이를 받아들임

1918년 3월 소비에트 정권은 독일, 오스트리아-헝가리, 불가리아, 오스만 제국과 단독으로 강화 조약을 맺었다. (브레스트-리토프스크 조약)※

러시아는 동맹국 측과의 강화를 원합니다.

독일군의 모든 전력이 이쪽으로 향하게 됐잖아!

영국

군사동맹을 멋대로 빠져 나가다니!

도대체 뭐하는 나라야!?

프랑스

러시아 혁명과 소비에트 정권이 단독으로 행한 동맹국 측과의 강화 조약은 협상국 측에 큰 동요를 일게 했다.

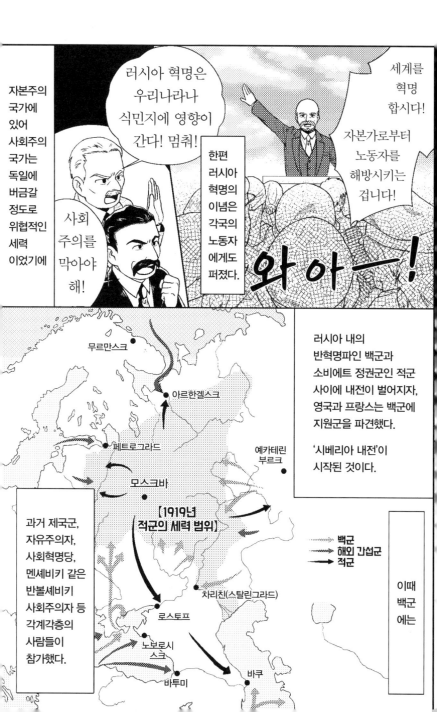

자본주의
국가에
있어
사회주의
국가는
독일에
버금갈
정도로
위협적인
세력
이었기에

러시아 혁명은
우리나라나
식민지에 영향이
간다! 멈춰!

사회
주의를
막아야
해!

한편
러시아
혁명의
이념은
각국의
노동자
에게도
퍼졌다.

세계를
혁명
합시다!

자본가로부터
노동자를
해방시키는
겁니다!

와아ㅡ!

러시아 내의
반혁명파인 백군과
소비에트 정권군인 적군
사이에 내전이 벌어지자,
영국과 프랑스는 백군에
지원군을 파견했다.

'시베리아 내전'이
시작된 것이다.

무르만스크

아르한겔스크

페트로그라드

예카테린
부르크

모스크바

【1919년
적군의 세력 범위】

과거 제국군,
자유주의자,
사회혁명당,
멘셰비키 같은
반볼셰비키
사회주의자 등
각계각층의
사람들이
참가했다.

차리친(스탈린그라드)

로스토프

노보로시
스크

바쿠

바투미

········> 백군
~~~~~> 해외 간섭군
──➤ 적군

이때
백군
에는

이를 '전시 공산주의'라고 한다.

이 전쟁에 승리하기 위해선 생산 수단을 국유화하고 강제적으로 물자를 징발할 수밖에 없어. 이 역시 혁명을 위한 것이다!

이 전쟁으로 식량이 부족해지자, 소비에트 정권은 농민들에게서 곡물을 강제로 징수했다.

그러던 1918년 8월 레닌 암살 미수 사건이 일어났다.

철썩

모스크바 연설 회장

레닌 동지가 총에 맞았어!

이 무렵 러시아 공산당의 반대 세력이 각지에서 테러를 일으키고 있었는데,

이 사건을 계기로 반대 세력에 대한 단속이 강화되었다.

범인은 사회혁명당 진보파 여성 당원 이었다.

탕

크악!

탕

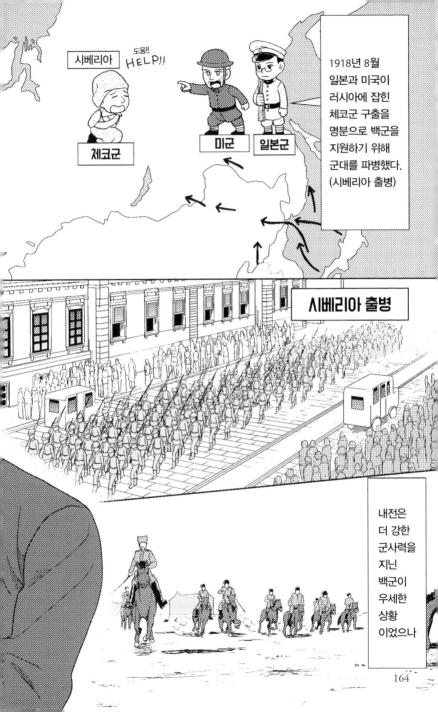

시베리아

도움!! HELP!!

체코군

미군   일본군

1918년 8월 일본과 미국이 러시아에 잡힌 체코군 구출을 명분으로 백군을 지원하기 위해 군대를 파병했다. (시베리아 출병)

시베리아 출병

내전은 더 강한 군사력을 지닌 백군이 우세한 상황 이었으나

그렇게
독일이
협상국에
항복하면서
제1차
세계대전은
막을 내렸다.

11월
패색이
짙어진
독일에서
혁명이
일어났다.

독일이
패배했나
…

이제 독일의
인민들은
사회주의
혁명으로
향하겠지!

전 세계에
사회주의
혁명을
일으켜야 해!

이를
실현할
국제 조직,
각국의
공산주의
정당을
통합한

'코민
테른'을
결성하자!

과거에 이미
두 차례
노동자 계급의
국제 조직이
결성된 바 있어
코민테른을 가리켜
'제3인터내셔널'
이라고도 부른다.

166

이에 레닌은 전시 공산주의에 있어 큰 노선 전환이 필요하다는 걸 깨닫게 되었다.

왜 빼앗아 가는 거냐!

수확물을 징수해 버리면 일을 한들 무슨 소용인가!

인민들은 전시 공산주의에 의한 농작물 강제 징수에 큰 불만을 품었다.

시베리아 내전은 끝났으나

1921년 소비에트 정권은 '신경제정책(네프)'을 도입했다.

일단 경제가 회복될 때까지 기다려야 하네. 사회주의를 버리려는 게 아닐세.

동지, 어째서 경제 정책을 전환하시려는 겁니까?

그 결과 1926년 국내 생산량이 전쟁 이전 수준으로 회복되었다.

와, 그럼 이제 남은 작물을 팔 수 있어!

경제 정책을 수정하겠습니다. 개인의 공장 경영과 농민의 잉여 곡물 자유 판매를 허용합니다.

이는 사회주의 경제체제에 시장경제를 일부 도입한 정책이었다.

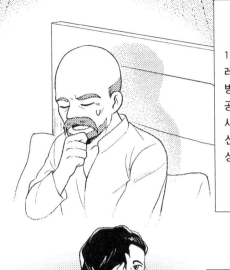

1922년 봄 레닌이 병에 걸리면서 공산당은 새로운 지도자를 선택해야 하는 상황에 놓였다.

카메네프

트로츠키

지노비예프

스탈린

당의 요직에 동료를 조금씩 심으면서 훗날 당 전체를 지배하겠다….

나에게 반대하는 자는 배제하고 간다.

이 중에서 당 서기장 이었던 스탈린이 두각을 드러냈다.

레닌이 병석에 누워 있는 상황에서 1922년 12월 '소비에트 사회주의 공화국 연방(소련)'이 수립되었다.

러시아는 우크라이나, 벨로루시, 자캅카스의 사회주의 공화국과 연방을 형성했다.

벨로루시

우크라이나

러시아

자캅카스

흑해

가스 피해

유감이군…

스탈린, 자네는 지도자로 적합한 인물이 아니야.

모스크바 외곽

1924년 1월 21일 레닌은 숨을 거뒀다.

이처럼 그는 혁명을 위해서 의회주의와 법치주의를 무시했으나,

전쟁 종결이나 민족 자결처럼 스스로 내건 혁명의 이상에 한해서는 충실한 인물이었다.

레닌은 혁명의 실현을 위해서는 수단과 방법을 가리지 않았다.

볼셰비키가 권력을 장악하기 위해서라면 주저 없이 폭력적이고 불법적인 수단을 사용했다.

레닌 동지께서 꿈꿔오신 이상이오!

전 세계에 사회주의 혁명을 일으킵시다!

트로츠키는 '세계 혁명론'을 주장했다.

레닌이 사망한 뒤, 최고 지도부에선 권력 투쟁이 벌어졌다.

우선 우리 소련에 사회주의의 뿌리를 내려야 해!

다른 나라가 어떻든 관심 없네.

스탈린은 '일국 사회주의론'을 주창했다.

그중에서도 트로츠키와 스탈린이 혁명의 사상 측면에서 서로 대립했다.

현실을 보라! 오랜 전쟁으로 인해 인민은 피폐해져 있다.

국가의 재건이 먼저다!

1925년 5월 스탈린은 세계 혁명론을 전면 부정하는 일국사회주의론을 거듭 주장하며 지지 기반을 넓혔다.

스탈린 동지의 말에 찬성한다!

옳소!

1925년 1월 스탈린은 배후에서 지시를 내려 트로츠키를 육군군 인민위원에서 해임시켰다.

이후 트로츠키는 1929년 해외로 추방된 뒤, 1940년 암살당했다.

※ 소련과 독일은 그때까지 서로에게 요구하던 전쟁 배상 청구권을 포기함

독일과의 '라팔로 조약'※ 체결(1922년)

그 무렵 스탈린은 단절돼 있던 각국과의 외교 관계를 복원해 나갔다.

영국 · 이탈리아 · 프랑스 등과의 국교 수립(1924년)

일본과의 국교 수립(1925년)

이후 1930년대
스탈린 정권 아래 경제와
행정 체제가 확립된 소련은
국민경제 5개년 계획 등의
사회주의 정책을 펼치면서
강력한 국가로 성장했다.

그렇게
경기 침체가 계속되던
자본주의 국가에서는
사회주의를 더욱 위협적인
사상으로 여기게 되었다.

한편 정적을 잇달아
실각시키고 권력을 장악한
스탈린은 독재자가 되어
정부나 당의 간부,
문화인, 일반 시민 등
많은 무고한 인민들을
추방 · 처형하거나
수용소로 보냈다.

제1차 세계대전이
길어지면서 각국은
전쟁을 지속하기
위해 다양한 분야에
개입하며 총력전
체제를 취했다.

'총력전'이란 군사력뿐만
아니라 경제력, 기술력,
노동력을 비롯한
한 국가의 모든 힘을
투입하는 전쟁을 말한다.

그 결과
영국과 독일
양측이 벌인
해상 봉쇄는
양국에
식량난을
불러왔으며,

특히나
독일은
더 심각한
피해를
입었다.

총력전
체제에서는
사회 전체가
군대를 얼마나
지탱할 수 있는
지가 중요하다.

급기야
감자가루를
섞은 빵과
물로 희석한
우유가 판매
되었으며,

그렇기에 적국의
전쟁 지속력을
약화시키기 위해
상선을 공격하는
등 민간인을 표적
으로 하는 작전이
전개되었다.

서민들은
정원이나
공원을
밭으로
일구었다.

전쟁이 시작되고부터 물가가 치솟기만 하는군….

수확한 밀을 정부에 넘기면 도저히 먹고 살 수가 없어….

독일

퍽

부자들은 암시장에서 몰래 식량을 구입하면서 혼란이 가속화되었다.

농가는 정부의 가격 통제를 피하기 위해 주요 작물이 아닌 작물을 재배했고,

몰래 부자한테 팔든지, 가격 통제를 안 받는 돼지 사료를 만드는 편이 돈벌이가 되겠어….

밀과 감자 대신 돼지 사료용 순무를 주식으로 삼게 되었다.

설상 가상으로 1916년에는 감자가 대흉년이어서

178

〈서부 전선〉
프랑스

참호전이 거듭되던 서부 전선에서는 1917년이 되어도 희생자만 늘어갈 뿐 답 없는 전투가 이어졌다.

'순무의 겨울'이라 불리는 이 위기로 약 76만 명이 굶주림과 영양실조로 사망했다.

그러던 중 베르됭 전투에서의 활약으로 주목받던 '니벨'이 육군 총사령관으로 발탁되었다.

내가 지휘하면 48시간 안에 독일군 진지를 돌파하고도 남지.

로베르 니벨
프랑스 육군 총사령관

179

만반의
준비를
하고 있던
독일군이
맹렬하게
반격해 왔다.

1917년 4월
니벨은
프랑스 북부
슈맹데담에서
작전을
감행했으나,
(니벨 공세)

독일군 역시
많은 피해를
입었지만,
최대 1만 명의
사상자를
예상했던
이 전투는
대실패로
끝이 났다.

프랑스군
에서만 무려
18만 명이
희생되고
만 것이다.

탕

탕

으

아

악

타 타

타

타 타

타 타타

타 타 타

펑

펑

푸드덕

까

악

푸드덕

까
악

180

**프랑스
서부 전선 사령 본부**

전쟁에서
이기기 위해선
때로 희생이
큰 작전도
있기 마련…

그만,
군대
내부가
무너지면
본전도
못 찾소.

**프랑스 파리
총리 관저**

알렉상드르 리보
프랑스 총리

병사들
사이에서도
군 지도부에
대한 불만이
쌓여갔다.

…

철컥

젠장

지금
이야
가자…

결국
프랑스군의
절반에 달하는
49개 사단에서

병사들이
상황의 개선과
평화를 요구하며
복귀하지 않거나
탈영하는 식으로
저항을 시작했다.

그러나
이러한
행위는
엄격하게
단속
되었다.

예.

5월 니벨이 경질되고 '페탱'이 후임자로 임명되었다.

프랑스군은 페탱의 지휘 아래 방어 중심의 작전으로 전환했다.

필리프 페탱
중장 · 제2군단 사령관

프랑스 파리
총리 관저 집무실

니벨은 경질하겠소. 다수의 희생자를 내는 무모한 공격은 자제토록 하시오.

오스만 제국과의 전투에서 포로로 잡혀 수용소에 갇히다니…

제1차 세계대전에서는 8백만 명~9백만 명의 병사가 적국에 포로로 억류되었다.

오스만 제국 포로 수용소

피에르   장

프랑스

앙리

오스만 제국

앙리

서부 전선에 있는 형들은 무사할까…

182

그리고 너와 같은 세네갈인까지

하지만 우린 오스만 제국에게 속지 않아.

꽈악

…처음 오스만 제국은 우리 세네갈인들을 자신들과 같은 무슬림[1] 이라면서

다른 수용소에 가두고 자신들의 편으로 삼으려고 했어!

※1 당시 세네갈 인구의 90%는 무슬림으로 추산됨

앙리, 이 전쟁에서 세네갈인은 프랑스에 협력하고 있어.[2]

전쟁이 끝나면 프랑스도 우리 세네갈 사람들을 대우해주지 않을까?

※2 당시 세네갈은 프랑스의 식민지

다만 이 전쟁에서 알게 된 건 열강들이 '문명적' 이긴 커녕 '야만적' 이라는 사실이야.

정말 그래.

나도 그러면 좋겠어 ….

프랑스 정부는 복속민을 대우해 주지 않을 텐데….

일본에서도 약 5천 명의 독일인 포로가 도쿠시마 · 치바 · 히로시마 등의 수용소에서 생활하고 있었다.

일본 도쿠시마 반도 포로 수용소

포로는 석방될 때까지 약 3년간 수용소에서 생활했는데,

수용소는 인도적으로 운영되었고 아침과 저녁 점호 이외에는 자유로운 생활이 허용되었다.[3]

안녕? 너 목소리가 참 좋다. 징집되기 전엔 뭘 했어?

※3=제2차 세계대전과 달리 제1차 세계대전 시기 일본에서는 동맹국 측 포로를 관대하게 대함

전쟁이 없었다면 다른 곳에서 만났을 지도 모르겠다. 음악가로서 말이야.

오, 정말? 나는 음악대학을 다녔어.

베를린에서 노래를 했어.

악기를 구할 수 있는지 알아볼게.

어이, 고베에 있는 무역 상인과 연줄이 있어.

무기 대신 악기라… 좋은 생각인데?

그럼 여기서 악단이라도 만들어 볼까?

건축에
힘쓰는
모습을
볼 수
있었다.

포로들
중에는
뛰어난
전문
기술을
갖춘
이들도
있어

인쇄나
제과,
원예
등의
농업,

독일군
해군포병대의
군악대장 출신
'헤르만 한센'의
지휘에 맞춰
전 악장을
40명이 연주,
4명이 독창하고,
80명이 합창한
것이다.

1918년
6월 1일
반도 수용소
안에서
《베토벤 교향곡
9번(합창)》이
아시아 역사상
처음으로
연주되었다.

아름다운
음악
이네~.

병사들뿐만 아니라 민간인까지 끌어들여 총력전 체제로 진행된 제1차 세계대전은 사람들의 일상생활을 크게 변화시켰다.

프랑스 파리

먼저 여성들은 전쟁에 동원된 남성들을 대신해 일터로 나가게 되었다.

아이러니하게도 전쟁이 여성의 사회 진출을 뒷받침한 것이다.

이는 머지않아 참정권과 같이 남성에게만 주어지던 권리를 확대해야 한다는 주장으로 이어졌다.

1917년 무렵
프랑스에서는
전쟁에
반대하는 운동과
노동자 파업이
다수 발생했다.

파리 최초로
자발적으로 대규모
파업을 벌인 이들은
시침공※들이었다.
그러나 이들의
파업은 당국의
심한 탄압을 받았다.

전쟁에
반대하는 듯한
움직임을
보이면
혹독하게
탄압받았다.

독일 베를린

독일에서도
병사뿐만 아니라
노동자와
평화운동가는
감시를 받다가

188

19세기 이후 세계 각국에는 여러 이유로 조국을 떠나 이주한 이들이 늘어갔다.

한편 전쟁에 반대하지 않아도 공격받거나 탄압당한 이들도 있었는데,

바로 전쟁 중인 적국 출신의 여행자와 이민자들인 '적성 외국인'이 그 대상이 었다.

특히 영국에는 독일계 이민자가 많았는데, 이들은 몇 세대를 거치며 영국 사회에 녹아들어 있었다.

그러나 제1차 세계대전 중에는 독일 국적 이라는 이유만으로 스파이로 간주돼 많은 이들이 박해를 받았으며,

가게를 습격받거나 민중에게 폭행당하는 사건이 빈번하게 일어났다.

'전쟁을 끝내기 위한 전쟁' 이라….

전쟁을 끝내기 위한 전쟁 H. G. 웰스

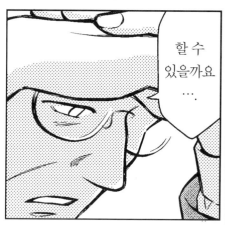

할 수 있을까요 ….

그것이 가능한 나라는 지금으로선 이 지구상에 미국뿐 입니다.

일찍이 우리나라는 남북으로 갈라져

동포의 목숨을 서로 빼앗는 비참한 내전을 겪었습니다.

194

국경선을 전쟁 이전으로 되돌리고 전쟁을 끝내야만 해.

이대로 가면 유럽은 '자살' 하는 것과 다름없어.

베네딕토 15세
로마 교황

각계각층의 지도자들이 평화를 위해 호소했다.

1917년 8월
이탈리아
바티칸
로마 교황청

러시아에서 혁명에 성공한 레닌 역시 「평화에 관한 포고」라 불리는 강렬한 선언문을 발표했다.

1917년 11월
러시아 회의장
(전 러시아
소비에트 회의)

〈제1조〉 강화 조약의 공개와 비밀 외교의 폐지

타국과의 비밀협약은 의심을 낳아 분쟁의 원인이 되므로, 모든 조약은 그 내용을 공개해야 한다. 또 공해는 각국이 자유롭게 왕래할 수 있는 권리가 있다.

〈제2조〉 공해[※2] 항행의 자유

※2 어느 나라에도 속하지 않고 어느 나라든 이용할 수 있는 바다

〈제10조〉 오스트리아-헝가리를 구성하는 다양한 민족의 자결

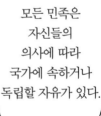

모든 민족은 자신들의 의사에 따라 국가에 속하거나 독립할 자유가 있다.

〈제14조〉 국제평화기구(국제연맹)의 창설

분쟁을 해결하고 전쟁을 막기 위해 모든 국가가 참여하는 국제연맹을 창설해야 한다.

일부 국가만 노력할 것이 아니라

동맹도 협상도 아닌 집단 안전 보장이 필요하다!

※ 1870년 이탈리아 통일 후에도 오스트리아령으로 남은 이탈리아인 거주지역(트리에스테, 남티롤 등)

이런 요구는 받아들일 수 없어!

독일

여기에 동맹국 측 또한 영토 반환을 받아들이기 어렵다는 이유로 평화 원칙을 거절했다.

한편 프랑스 파리

1917년 프랑스에서는 '클레망소'가 총리로 취임했다.

조국이 위기에 처했는데 반전 운동을 벌이다니, 적의 편을 드는 거나 마찬가지 아닌가!

조르주 클레망소
프랑스 총리

당시 대통령이던 푸앵카레는 클레망소와 사이가 매우 나빴음에도 전쟁에 승리할 때까진 서로 협력할 것을 약속하고 함께 독일에 맞섰다.

내키진 않지만, 지금처럼 어려운 시기에 프랑스 국민의 사기를 북돋을 수 있는 지도자는 클레망소밖에 없어.

레몽 푸앵카레 프랑스 대통령

〈서부 전선〉 프랑스

그 어떤 배신 행위도 용납하지 않겠다!

오직 전쟁만이 있을 뿐이다!

무관심———

장

피에르

'호랑이'라는 별명을 가진 클레망소는 온 나라가 하나로 뭉쳐 싸우는 일만이 전쟁을 끝낼 방법이라고 생각했다.

독일에 무릎을 꿇고 평화를 구걸할 수는 없다! 강화론자는 부끄러운 줄 알아라!

Paix

Paix

펑一

그렇게
파리 사람들은
언제 시작될지
모르는 공습과
포격으로
두려움에
떨어야만 했다.

당시
파리에는
수많은
외국인
예술가들이
거주하고
있었는데
…

※ 제2차 세계대전 중 일본군에 협력해 전쟁화를
   그려 전범으로 여겨지는 뛰어난 실력의 화가

1913년부터
파리에서
생활하던
일본인 화가
'후지타'※도
그중 한 명
이었다.

이 무렵 훗날
세계적 화가로
성장하는
'피카소'도 파리의
몽파르나스에서
활동하고 있었다.

후지타, 자네.
파리를
떠나지 않을
생각이야?

피카소

후지타 쓰구하루
훗날 레오나르 후지타

대사관에서는
파리를 탈출해
남쪽이나
런던으로
도망치라고
하던데….

흠,
일본은 프랑스와
같은 협상국
측이던가?

도망가지 않고
애쓰는
사람들을
보고 있자니
떠나기가
힘드네.

독일군은 3월 이후 동부 전선에서 서부 전선으로 부대를 집중해 프랑스군에 공세를 가했다.

같은 해 3월 동맹국 측이 소비에트 정권과 '브레스트 −리토프스크 조약'을 체결해 화해하면서

1918년 5월 〈서부 전선〉 프랑스

쾅 쾅

쾅

쾅

쾅

프랑스군 참호

208

210

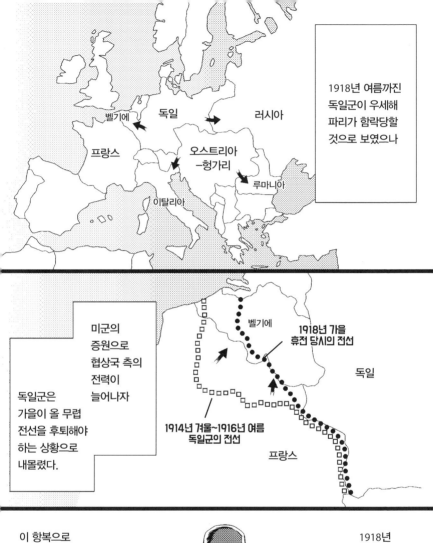

벨기에 　독일 　러시아

프랑스

오스트리아
–헝가리

루마니아

이탈리아

1918년 여름까진
독일군이 우세해
파리가 함락당할
것으로 보였으나

미군의
증원으로
협상국 측의
전력이
늘어나자

독일군은
가을이 올 무렵
전선을 후퇴해야
하는 상황으로
내몰렸다.

벨기에

**1918년 가을
휴전 당시의 전선**

독일

**1914년 겨울~1916년 여름
독일군의 전선**

프랑스

이 항복으로
오스트리아에서
400년 이상 집권한
합스부르크 왕가는
끝을 맞이했다.

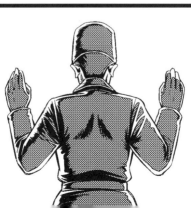

1918년
10월 30일
오스만 제국이
항복하고,
뒤이어 11월
오스트리아
–헝가리가
항복했다.

각지에서 평화와 빵을 요구하는 운동과 봉기가 확산되고

러시아 혁명의 영향을 받아 노동자와 병사로 구성된 레테(평의회)※가 조직되었다.

※ '소비에트'를 뜻하는 독일어

순식간에 혁명의 불씨가 독일 전역으로 퍼져나갔다. (독일 11월 혁명)

독일 지방도시

들었어? 킬에서 반란이 일어났대.

이제 전쟁은 싫은데 ….

이에 황제 빌헬름 2세는 국외로 망명했다.

독일은 공화제로 운영될 것 입니다!

이후 독일에는 사회 민주당과 독립사회 민주당이 임시정부를 수립했다.

샤이데만
독일 사회민주당 당수

임시정부의 실권을 쥔 사회민주당의 에베르트는 협상국 측에 휴전 협정을 제의했다.

전쟁은 이제 끝이다 ….

에베르트
독일 임시정부 총리

나는 단호하게 전쟁 지속을 주장하네!

한편 프랑스 에서는

클레망소는
프랑스 역시
더 이상
전쟁을 수행할
수 없다고
판단해 휴전을
선택했다.

푸앵카레,
우린 이미
수많은
젊은이의
피를 흘리게
했네….

클레망소

놈들은
파리를 함락
하려고 했어!
베를린을
무너뜨리게!

푸앵카레

파리 북동쪽 콩피에뉴 숲

11월 11일
콩피에뉴
숲을
지나는
열차 안

협상국 측에서는
프랑스군의
원수인 '포슈'가,
독일에서는
'에르츠베르거'가
휴전 협정에
참석했다.

216

킬 군항의
반란이
일어난 지
불과
8일 만의
일이었다.

이 휴전 협정으로
프랑스, 벨기에, 룩셈부르크,
알자스–로렌 지방에서
모든 독일군의 즉각적인
철수, 동부 전선의 독일군
부대 철수, U보트의 항복
등이 결정되었다.

필시
그건 이보다
더 어려운
일이겠지.

우린
이 전쟁에서
승리했어.
이젠 평화를
쟁취해야만 해.

독일의
11월
혁명으로
인해

미국의
참전,

무려 4년 이상
지속된
제1차 세계대전은
협상국 측의 승리로
막을 내렸다.

러시아에서
일어난
사회주의
혁명의
영향,

피에르

장

덜커덩
덜커덩

덜컹
철컹
철컹

남벨기에에서 북프랑스로 향하는 기차

덜컹

이 땅이 원래의 모습으로 돌아오려면 어느 정도의 시간이 걸릴까….

덜컹

아직도 출입금지 구역이 남아 있다.

제1차 세계대전으로부터 백여 년이 흐른 지금도 당시 설치된 지뢰와 철조망이 완전히 제거되지 않아

장, 우린 지옥 같은 전쟁터에서 죽을 고비를 몇 번이나 넘겼지.

내가 살겠다고 필사적으로

많은 이들을 이 손으로 죽였어….

덜컹

철컹

하, 전쟁이란 무서운 거야….

덜컹

너희들이
모두 무사히
돌아와 주다니
정말 기적이야.

앙리는
돌아올 때까지
조금 더 걸리겠지만,
건강한 것 같더구나.

오스만 제국
으로부터의
포로 송환은
순조롭게
진행되지 않는 것
같아요.

제1차 세계대전은 무기를 들지 않은 민간인 희생자가 다수 발생한 전쟁이기도 했다.

폭격, 역병, 기아, 학살 등 여러 가지 이유로 수백만 명이 목숨을 잃었다.

또 아버지, 남편, 아들과 같은 집안의 기둥을 잃어 궁핍해진 가정도 많았는데,

전후에도 오랜 기간 경제적 어려움과 상실의 슬픔이 이어졌다.

또 부상은 입지 않았어도 비참한 경험을 겪은 병사들 중에는 오랫동안 PTSD※에 시달리는 이들도 있었다.

제1차 세계대전에서는 전 세계에서 대략 1천만 명의 군인이 목숨을 잃고, 2천만 명 이상이 부상이나 육체적 장애를 입은 것으로 추산된다.

※ 강한 정신적 충격의 영향으로 심신에 지장을 초래하고 사회생활에도 영향을 미치는 장애·후유증

그런데 모두 돌아왔으니 내 역할은 여기서 끝인 걸까…

전보다 사회에 진출하게 되었어.

우리 여성들은 전쟁을 계기로

새로운 사회 통념이 자리 잡게 되었다.

반면 전쟁 이후 낡은 관습이 무너지고

우리에겐 여성들의 힘이 필요해.

오랜 전쟁으로 남녀노소 할 것 없이 모두 상처를 입었어.

그렇지 않아, 마리.

제1차 세계대전은 다양한 측면에서 유럽의 영향력과 위신이 떨어지는 시발점이 되었다.

맞아. 다 같이 힘을 합쳐 세상을 다시 일으켜야지.

물끄러미

그, 그래, 힘내자!

하하 하 하

반면 대서양 건너의 미국과 유럽의 동쪽 러시아에 성립된 소련은

향후 전 세계에 큰 영향을 미치게 되었다.

제1차 세계대전 이후 서서히 여성들의 사회적 입지가 강해졌다.

[잠깐!] '앙리'와 주변 사람들은 역사에 실존하는 인물이 아닙니다.

주요참고도서·자료

【서적】
- 山川出版社,『新世界史B』(개정판) /『詳説世界史B』(개정판) /『山川 詳説世界史図録』(제2판) /『世界史用語集』(개정판)
- 岩波書店,『近代国家への模索 1894-1925』/『帝国主義と各地の抵抗II 東アジア・内陸アジア・東南アジア・オセアニア』/『ナイチンゲールの末裔たち〈看護〉から読みなおす第一次世界大戦』/『二〇世紀の歴史』/『ロシア革命 破局の8か月』
- 共和国,『塹壕の戦争 1914-1918』/『第一次世界大戦を考える』/『汚れた戦争 1914-1918』
- 講談社,『腕一本·巴里の横顔 藤田嗣治エッセイ選』/『第一次世界大戦と日本』/『ラストエンペラーと近代中国 清末中華民国』
- 人文書院,『戦争のるつぼ 第一次世界大戦とアメリカニズム』/『表象の傷 第一次世界大戦からみるフランス文学史』/『複合戦争と総力戦の断層 日本にとっての第一次世界大戦』
- 千倉書房,『「八月の砲声」を聞いた日本人 第一次世界大戦と植村尚清「ドイツ幽閉記」』
- 東洋書店,『ニコライ二世とその治世』
- 平凡社,『ロシア·ソ連を知る事典』
- 法政大学出版局,『パスポートの発明 監視·シティズンシップ·国家』
- みすず書房,『夢遊病者たち 第一次世界大戦はいかにして始まったか』
- 新山川出版社,『世界各国史22 ロシア史』(신판) /『世界歴史大系 ロシア史3』/『世界歴史大系 中国史5』
- Seuil,『Gagner la paix 1914-1929』

- 明石書店,『バルカンを知るための66章』
- 岩波書店,『袁世凱 現代中国の出発』/『清朝と近代世界 19世紀』
- 潮出版社,『バルトの楽園』
- 大月書店,『輪切りで見える! パノラマ世界史⑤ 変わりつづける世界』
- 恵雅堂出版,『人物ロシア革命史』
- 講談社,『興亡の世界史』『大清帝国』『中国の歴史』
- 作品社,『ロシア革命 ペトログラード1917年2月』
- 創元社,『ロシア革命』
- 中央公論新社,『革命家孫文 革命いまだ成らず』/『シベリア出兵 近代日本の忘れられた七年戦争』/『血の日曜日 ロシア革命の発端』
- 白水社,『オスマン帝国の崩壊 中東における第一次世界大戦』
- 批評社,『中国新聞史の源流 孫文と辛亥革命を読む』
- 藤原書店,『辛亥革命と日本』
- 婦人之友社,『近代史 日本とアジア』
- 文藝春秋,『第一次世界大戦はなぜ始まったのか』
- 平凡社,『ドキュメント現代史 ロシア革命』
- 吉川弘文館,『総力戦とデモクラシー 第一次世界大戦·シベリア干渉戦争』

【WEB】
NHK高校講座 世界史, 国立公文書館 アジア歴史資料センター, 国立国会図書館, ファン·ゴッホ美術館, マリー·アントワネット展, International Encyclopedia of the First World War, NHK for School

이 책을 만든 사람들

- **감수:** 하네다 마사시(HANEDA MASASHI)
  도쿄대학 명예 교수
- **플롯 집필·감수:**
  제1장 오자와 이치로(OZAWA ICHIRO)
    도요분코 연구원
  제2장 다테 하즈키(TATE HAZUKI)
    무사시대학 준교수
  제3장 이케모토 교코(IKEMOTO KYOUKO)
    다이토분화대학 준교수
  제4장 다테 하즈키(TATE HAZUKI)
    무사시대학 준교수

- **자켓·표지:** 곤도 가쓰야(KONDOU KATSUYA)
    스튜디오 지브리
- **만화 작화:** 시카쿠노 후치(SHIKAKU NO FUCHI)
    도라코(TORAKO)
- **내비게이션 캐릭터:** 우에지 유호(UEJI YUHO)

차별적 표현에 대하여

『세계의 역사』 시리즈에는 현대를 살아가는 우리가 입에 담아서는 안 될 차별적인 표현을 사용한 부분이 있습니다. 역사적 배경이나 시대적 관점을 보다 정확하게 전달하기 위해, 불편함을 무릅쓰고 꼭 필요한 최소한의 용어만 사용했습니다. 본 편집부에게 차별을 조장하려는 의도가 없다는 점을 알아주시길 부탁드립니다.

– 원출판사의 말

하루 한 권 학습만화 14

세계의역사

제1차 세계대전과 아시아의 동향

(1900년~1919년)

초판인쇄 2022년 12월 30일
초판발행 2022년 12월 30일

감수 하네다 마사시
옮긴이 일본콘텐츠전문번역팀
발행인 채종준

출판총괄 박능원
국제업무 채보라
책임번역 김예진
책임편집 김도현
디자인 홍은표
마케팅 문선영 · 전예리
전자책 정담자리

브랜드 드루주니어
주소 경기도 파주시 회동길 230 (문발동)
문의 ksibook13@kstudy.com

발행처 한국학술정보(주)
출판신고 2003년 9월 25일 제406-2003-000012호
인쇄 북토리

ISBN 979-11-6801-790-0 04900
       979-11-6801-777-1 04900 (set)